JN013667

こねずに作れるもちもちベーカリーパン

No Knead Bakery Bread

池田愛実

はじめに

私がこねないパンを作るようになってから、十数年が経ちました。
その間に仕事が忙しかったり、子育てに追われる時もありましたが、
ずっとパン作りを続けられてきたのは、この「こねない製法」のおかげです。

一般的にパンは、粉と水を合わせて15分以上こねることで、
パンの骨格となる「グルテン」を作ります。
パン屋さんには性能のよいこね機がありますが、家庭でやるのはなかなかの重労働。
こねずに混ぜるだけでパンを作れないかと試行錯誤し、
発酵の途中で「パンチ」という生地を折りたたむ作業をすることで、
こねなくてもふっくらふくらみ、見た目もきれいなパンが焼けることがわかりました。

パンは主食なので、毎日作り続けられるレシピであることも重要です。
これが、私のパン作りの主軸となりました。

前作では多くの方がレシピを作ってくださり、「パン作り初心者でも、こねずに
本格的なパンが焼けるなんて！」という、うれしいお言葉をたくさんいただきました。
それから、さらに日本人好みのもちもち食感のパンができないかと考えて、
新たに生み出したのが、この本の「高加水＆湯種」のこねないパンです。

水を多く入れたパンは混ぜやすいので、こねないパンに向いていて、
よりしっとりした食感になりますが、ベタついて成形しにくいのが悩みでした。
そこで、湯種といって粉の一部を熱湯で練る方法と組み合わせることで、
多くの水分を入れても、まとまる生地にすることができました。

たとえば菓子パンだと、一般的に粉に対して60％前半の水分を入れますが、
この本ではすべてのパンに70～85％ほどの水分を入れています。
湯種にした粉は、グルテンが壊れた状態になるのでパンのふくらみが控えめになり、
もちもちした食感になるのです。水分をたくさん含んだとろっとした舌ざわりも、
高加水＆湯種ならでは。水分を多く含んで逃さないため、
パンの劣化を遅らせる効果もあり、買ったパンを翌朝以降に食べることが多い、
日本のベーカリーでも重宝している製法です。

家庭で手作りするパンをさらにランクアップさせたい方に、
「高加水＆湯種」のこねないパン、ぜひ試していただきたいです。

池田愛実

この本のパンについて

1 こねなくてOK

2 高加水でもちもち

この本でご紹介するパンは、すべてこねずに作ることができます。粉と水分は、混ぜて20分以上おくだけでも水和（粉のたんぱく質と水が結びつくこと）し、グルテンが形成されます。私はさらに途中で1回生地を折りたたむことで（＝「パンチ」）、グルテンを強化しています。これでこねなくても、生地はふっくらとふくらみ、見た目もなめらかなパンを作ることができます。

この本のパンは水分量が約80％と多いので、焼き上がりはどれもしっとり、もちもち。高加水の生地はベタついて扱いにくい傾向がありますが、湯種（粉を熱湯で手早く混ぜ、粗熱をとったもの）を作ることでそれを緩和。通常、湯種はひと晩休ませて使いますが、今回はその簡易版です。湯種の生地はのびにくいので、成形する時は無理せず、破れないように気をつけてください。

3 発酵は冷蔵庫でゆっくりと

4 好きな時に焼けます

生地には少なめのイーストを加え、冷蔵庫の野菜室で一次発酵を。ひと晩かけてじっくり低温長時間発酵させることで、粉のうまみがしっかり引き出されます。野菜室の温度は3〜8℃で、冷蔵室（2〜5℃）よりも少し高め。イーストが少なめのパン生地をゆっくり発酵させるには、最適な温度です。これで、毎日食べても飽きないほど風味豊かなパンが焼き上がります。

生地は野菜室でゆっくり発酵させるので、発酵が急速にすすむことはなく、2日くらい入れたままでOK。翌日時間がなければ、翌々日に焼いても大丈夫。時間に融通がきくので、自分のタイミングでパンを焼くことができます。一日がかりで作るパンと違い、「生地作りから一次発酵」「一次発酵後から焼成」と2日に分けられ、タイムスケジュールが組みやすいのもうれしいです。

contents

BASIC

PART 1

型のいらないもちもちパン

PART 2

もちもちベーグル

PART 3
型のいらないもちもちハード系パン

PART 4
バットで作るもちもちちぎりパン

column

【この本での約束ごと】

- 大さじ1は15ml、小さじ1は5mlです。
- 水分の温度は、14ページを参照して事前に調整しておいてください。
- オーブンは電気オーブンを使用。あらかじめ設定温度に温めておきます。焼き時間は、熱源や機種によって多少差があります。レシピの時間を目安に、様子を見ながら加減してください。
- ガスオーブンを使う場合は、レシピの温度を20℃ほど低くしてください。
- 電子レンジの加熱時間は、600Wのものを基準にしています。500Wの場合は、1.2倍の時間を目安にしてください。機種によっては、多少差が出ることもあります。

BASIC

基本の
こねない
もちもちパンを
作りましょう

Hot dog bun

コッペパン

生地はこねずに混ぜるだけ、発酵は冷蔵庫まかせでひと晩おくだけ。
そんな手間いらずで作れる、高加水のもちもちパンをご紹介します。
ポイントは、粉と熱湯を混ぜて作る「湯種」。おかげで粉の甘みが出て、
生地に粘度がつき、もっちり、しっとりとしたコッペパンに焼き上がります。
シンプルな配合で何にでも合うから、ウインナーやあんバターをサンドしても。

Hot dog bun

コッペパン

材料（15cm長さのもの5本分）

A 強力粉…120g
砂糖…10g
塩…3g

湯種 強力粉…30g
熱湯…60g

B ドライイースト…小さじ½（1.5g）
水…60g*
米油…5g

ツヤ出し用の牛乳…適量

＊春・夏・秋は冷蔵室で冷やし、冬は水道水くらいの温度（20℃）にして。詳しくは14ページ参照

下準備

・ボウルに湯種の材料を順に入れ、ゴムベラで手早く30秒混ぜ、10分以上おいて粗熱をとる。

＊湯は沸かしたてを直接ボウルに量り入れると、温度が下がりにくい

1 生地作り

湯種のボウルに**B**を量り入れ、泡立て器で大きなかたまりがなくなるまで混ぜる。

→

Aを量り入れ（順不同でOK）、

＊ボウルをはかりにのせ、1つずつ量りながら加えていくとスムーズ

→

ゴムベラで底から返すようにしながら、

全体に2分混ぜる。

→

粉のダマがなくなり、均一になればいい。

→

休ませる（30分）

ラップをかけ、室温で30分休ませる。

水でぬらした手で、ボウルのまわりから生地をはがし、

→

中心に向かって折りたたむのを1周半くり返す(パンチ)。

→

生地が中心に集まったら(写真)、裏返してとじ目を下にする。

ラップをかけ、室温で20分休ませる。

→

2 一次発酵

生地のふちにテープなどで印をつけ、冷蔵庫の野菜室でひと晩(6時間)〜最長2日発酵させる。

→

生地の高さが2倍以上になればOK。

＊2倍になっていなければ、室温で2倍以上になるまで待つ

3 分割&丸め

生地の表面に打ち粉(強力粉・分量外)をふり、ボウルとの間にカードを1周差し込んで生地をはがし、

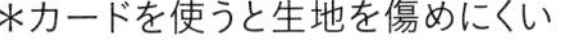

＊カードを使うと生地を傷めにくい

→

ボウルをひっくり返して生地を取り出す。

＊打ち粉をふった面が下になるように

→

カードで5分割する。

＊1個あたり約55g

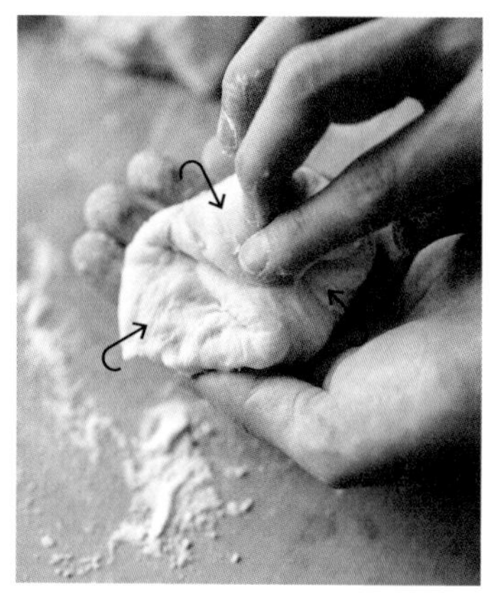
手で押して平らにして中の空気を抜き、ふちを内側に集めるようにして丸くし、

裏返し、表面を張らせるようにして丸める。

底はつまんで軽くとじる。

4 ベンチタイム

台にのせ、乾いたふきんをかぶせ、室温で10分休ませる。

5 成形

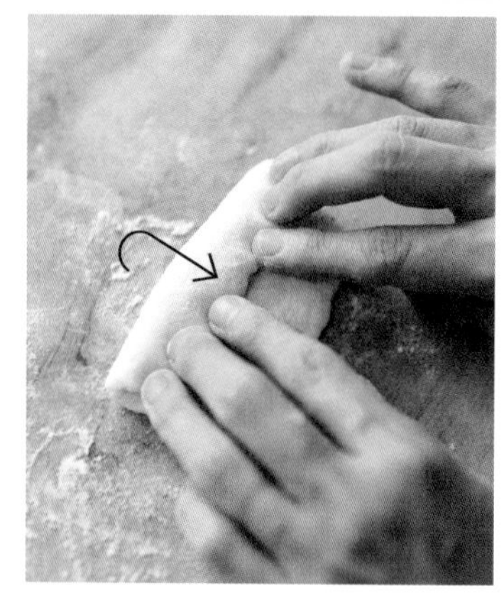
打ち粉をふって生地を裏返し、手で押して9cm長さの横長のだ円にのばし、上から⅓を折りたたみ、

手で押して平らにし、

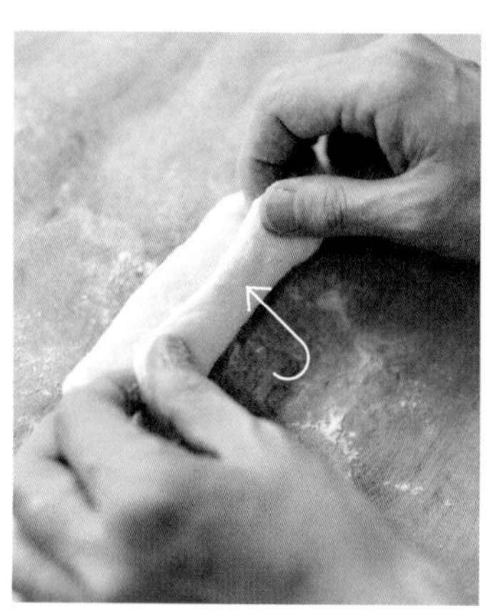
下から⅓も折りたたみ、手で押して平らにする。

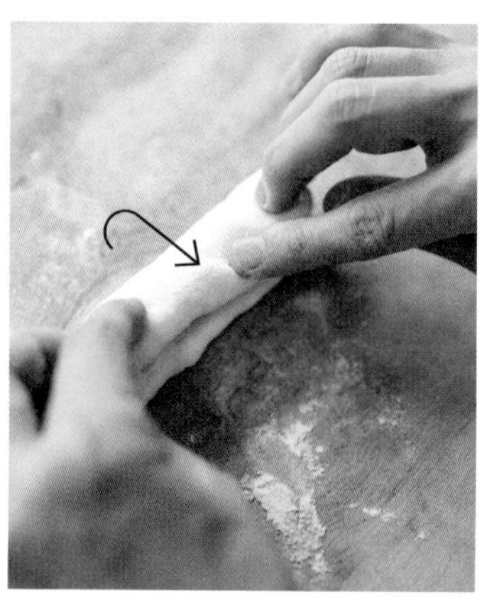
さらに上から半分にたたみ、

とじ目をつまんでしっかりくっつけ、手で転がして13cm長さの均一な太さの棒状にする。

6 二次発酵

オーブンシートを敷いた天板にとじ目を下にして間隔をあけて並べ、オーブンの発酵機能35℃で60分発酵させる。

＊または乾いたふきんをかけ、室温でひと回り大きくなるまで発酵させる

ひと回り大きくなればOK。オーブンを190℃に温める。

7 焼く

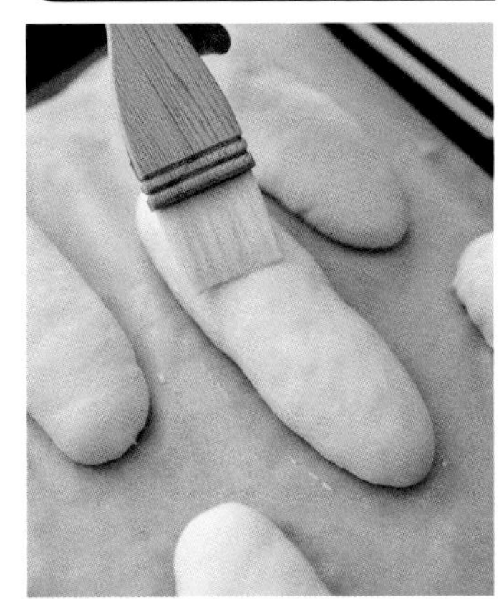

表面に牛乳をはけで塗り、190℃のオーブンでこんがり焼き色がつくまで12分ほど焼く。

＊好みで、冷めてから厚みを半分に切り、ピーナッツバター（微糖・粒入り）をはさんで食べてもいい

ARRANGE

フルーツサンド

しっとり、ふわふわのやさしい生地に、甘さ控えめのクリームが相性抜群。生クリームはだれないようにかために泡立て、フルーツは季節のもので。カスタードクリーム（p27）、チョコクリーム（p29）をはさんでも美味です。

材料（15cm長さのもの5本分）

コッペパン…5本
生クリーム（乳脂肪分40％以上のもの）…150g
砂糖…小さじ1½
好みのくだもの（キウイ、ブルーベリー、いちご、みかんなど）
…適量

作り方

1 ボウルに生クリーム、砂糖を入れ、ピンとツノが立つまで泡立てる。冷めたコッペパンのまん中に切り込みを入れ、これをはさみ、食べやすく切ったくだものをのせる。

こねないもちもちパンについての Q&A

Q 生地がうまく発酵しない時は?

パン生地の発酵は、温度に左右されます。混ぜ終わった時の生地の理想的な温度は、23〜26℃。湯種が少し温かい状態だと、生地の温度が上がりやすいので、過発酵(発酵がすすみすぎること)にならないように注意が必要です。**室温+水温+粉の温度(室温に出していたら室温と同じ)=50〜55**になるように、以下を参考に水温を調節してください。

- **春・秋**(室温20℃)
  ⇒牛乳は冷たいまま使い、水は20℃(水道水がこのくらい)に。水または牛乳のみを使用するレシピは、15℃くらいの少し冷たいものが理想的
- **夏**(室温30℃)
  ⇒冷蔵室で冷やした10℃以下の水分を使用し、粉もなるべく冷やして
- **冬**(室温15℃)
  ⇒牛乳は冷たいまま使い、水は30℃(ぬるま湯くらい)に温めて。水または牛乳のみを使用するレシピは、20℃くらい(水道水がこのくらい)に

湯種が完全に冷めている場合は、上記より水温が5℃ほど高くてもかまいません。また、湯種が温かくて一次発酵で生地がふくらみすぎた時は、途中で野菜室から、より温度が低い冷蔵室に移すのもおすすめです。

Q 湯種がゆるい時は?

ゆるくても一定の効果は得られるので、そのまま使って大丈夫です。湯種は粉に熱湯を注ぎ、急いで30秒混ぜることで、粉のでんぷんを糊化(こか)させたもの(写真)。沸かしたての湯を直接やかんから量り入れるのが大切で、温度が下がりにくく、しっかり糊化します。

Q 生地がベタついて扱いにくい時は?

打ち粉を適宜使ってください。台や生地にふったり、指につけてさっと作業し、なるべく生地をさわりすぎないようにすると、くっつきにくいです。暑い季節で生地がだれてきたら、冷蔵室で少し休ませても。ただ、打ち粉は使いすぎると逆に生地がすべったり、生地がかたくなるので注意。

Q 倍量で作ってもいい？

はい、大丈夫です。発酵時間は同じですが、個数が増えるとオーブンの火のまわりが悪くなり、焼くのに時間がかかる場合があります。生地をなるべく離して天板にのせたり、天板２枚に分けてのせ、様子を見ながら時間を調整してください。

Q 当日に食べたい時は？

コッペパン、もちもちパン、ベーグル、ちぎりパンは、常温で一次発酵させれば当日焼くことができます。パンチしたら、かさが２倍以上になるまで２時間〜２時間半ほど室温で発酵を。ハード系パンは生地が冷たいほうが成形しやすいので、冬以外は野菜室での発酵がおすすめです。

Q オーブンに発酵機能がない時は？

乾いたふきんをかぶせ、室温において二次発酵させれば大丈夫。時間は夏なら１時間、それ以外の季節は１時間半〜２時間を目安に、ひと回り大きくなればＯＫ。途中で生地が乾いてきたら、霧吹きで軽く水をかけてください。

Q ガスオーブンで上手に焼くコツは？

この本の焼き時間は、「電気オーブン」の場合。ガスオーブンなら20℃ほど温度を下げ、レシピの時間で様子を見ながら焼いて。ただし、ハード系パンは霧吹きをして熱湯を注いだら、180℃で８分焼くかわりに８分電源を切ります。そのあと上の天板をはずし、230℃でレシピの時間を目安に、好みの焼き色がつくまで焼いてください。

Q 酵母への置き換え方は？他の粉で作りたい時は？

レーズン酵母の元種（粉と水を１：１で継いだもの）の場合、粉の重量の30％入れ、水分を少し減らして作ってください。一次発酵は生地のかさが1.5倍になるまで室温におき、野菜室へ。最終的に2.5倍までふくらませます。二次発酵の時間も少し長めにとってください。
また、レシピのパンを他の粉で作る場合ですが、全粒粉、米粉、ライ麦粉なら、粉の全量の20％まで置き換えてOK。湯種をその粉で作るか、加える粉のほうを置き換えても。

PART 1

型のいらない もちもちパン

水分が80％以上と高加水で、もちもち、ふわふわのパンを集めました。
粉と熱湯を混ぜた「湯種」で作れば、生地に水分をたくさん含みつつ、
甘みのあるパンに。焼いた翌日以降も、しっとり感が持続します。
生地がややのびにくいので、成形時にはちぎれないように気をつけて。
人気のクリームパンやチョココロネ、そうざいパンなどが勢ぞろいです。

Roll

ロールパン

砂糖が少なめの生地ですが、湯種の自然な甘さが加わって、
ほんのりとした甘みが楽しめる、ふんわり、もっちり食感のロールパンです。
成形では生地をゆるく巻き、二次発酵をしっかりとることで
生地をゆるませるのが、かわいく作るコツ。毎日でも食べ飽きないおいしさです。

Roll

ロールパン

材料（10cm長さのもの5個分）

A 強力粉…120g
砂糖…10g
塩…3g

湯種 強力粉…30g
熱湯…60g

B ドライイースト…小さじ½（1.5g）
牛乳…35g
水…30g*
バター（食塩不使用）…10g

ツヤ出し用の牛乳…適量

*夏は冷蔵室で冷やし、冬は30℃（ぬるま湯くらい）に温めて。詳しくは14ページ参照

下準備

- ボウルに湯種の材料を順に入れ、ゴムベラで手早く30秒混ぜ、10分以上おいて粗熱をとる（10ページ参照）。
- バターは電子レンジで40秒加熱して溶かし、粗熱をとる。

1 生地作り

湯種のボウルに**B**を量り入れ、泡立て器で大きなかたまりがなくなるまで混ぜ、**A**を量り入れ、ゴムベラで均一になるまで2分混ぜる。

→

休ませる（30分）

ラップをかけ、室温で30分休ませる。

→

パンチ　休ませる（20分）

水でぬらした手でボウルのまわりから生地をはがし、中心に向かって折りたたむのを1周半くり返す（パンチ）。生地を裏返し、ラップをかけて室温で20分休ませる。

2 一次発酵

生地のふちにテープなどで印をつけ、冷蔵庫の野菜室でひと晩（6時間）〜最長2日発酵させる。

→

生地の高さが2倍以上になればOK。

*2倍になっていなければ、室温で2倍以上になるまで待つ

→

3 分割＆丸め

生地に打ち粉（強力粉・分量外）をふり、ボウルを返して取り出し、カードで5分割する。ふちを内側に集めるようにして丸くし、裏返して表面を張らせるように丸め、底は軽くとじる。

4 ベンチタイム

台にのせ、乾いたふきんをかぶせ、室温で10分休ませる。

＊1個あたり約57g

5 成形

打ち粉をふって生地を裏返し、手で押して8cm長さの横長のだ円にのばし、

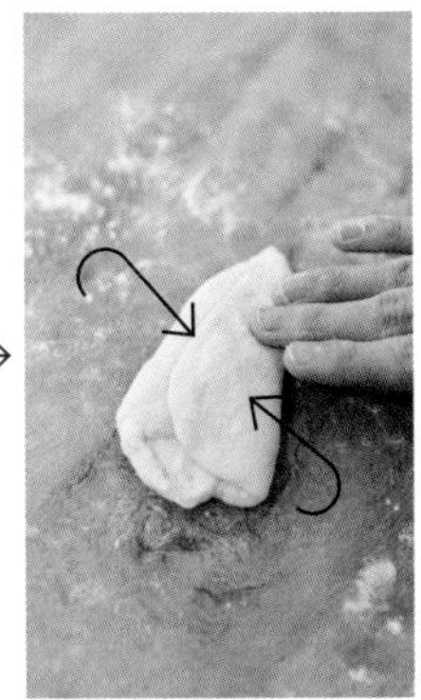

片方が細いしずく形になるように上下を斜めに折りたたみ、さらに上から半分にたたみ、とじ目をつまんでしっかりくっつける。

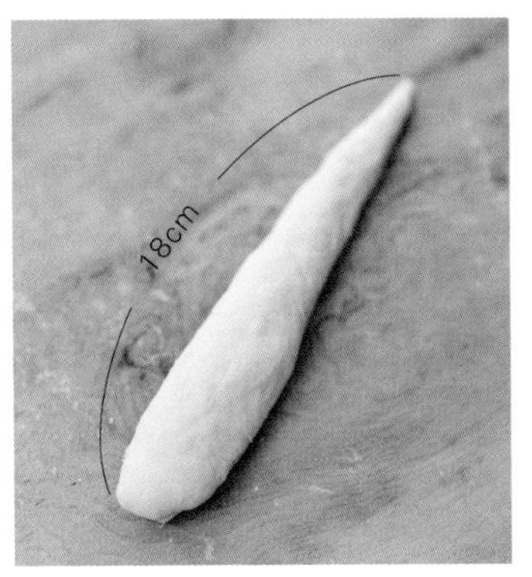

手で転がして18cm長さにし（片方は細いままになるように）、

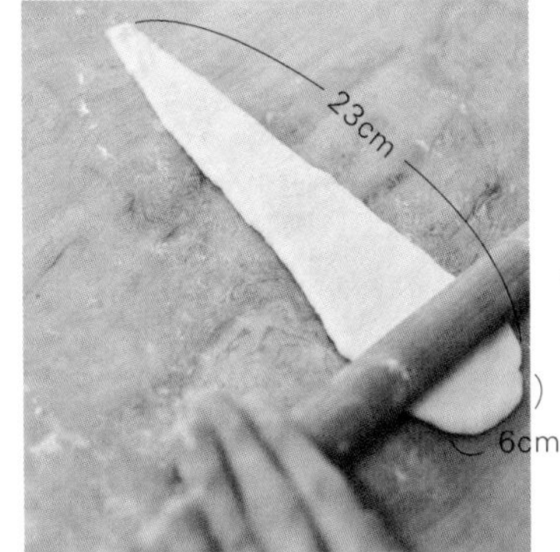

打ち粉をふってめん棒で底6×縦23cmの二等辺三角形になるようにのばす。

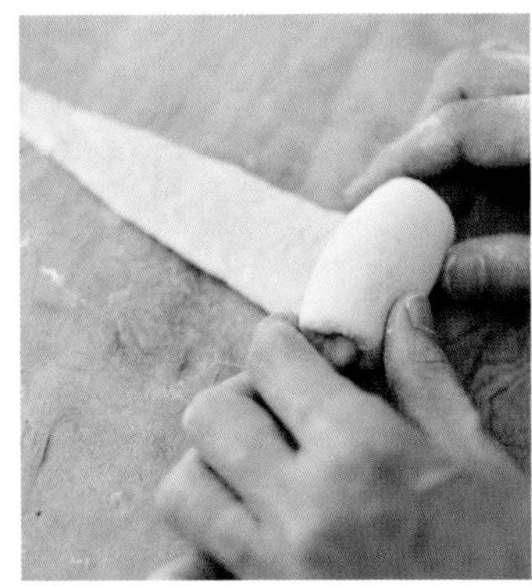

太いほうからゆるく巻き、巻き終わりをつまんでくっつける。

6 二次発酵

オーブンシートを敷いた天板にとじ目を下にして間隔をあけて並べ、オーブンの発酵機能35℃で60分発酵させる。

＊または乾いたふきんをかけ、室温でひと回り大きくなるまで発酵させる

ひと回り大きくなればOK。オーブンを190℃に温める。

7 焼く

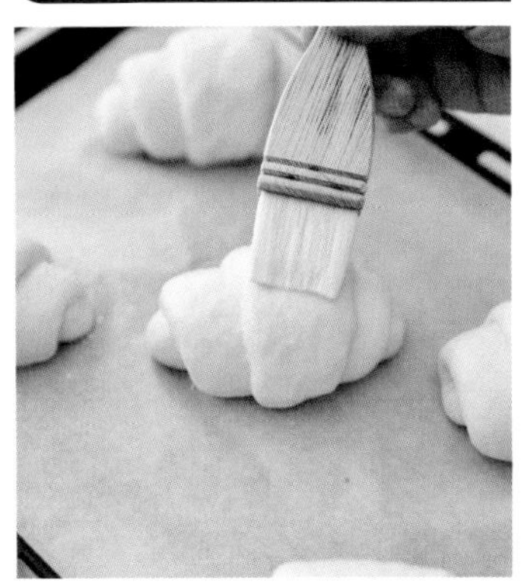

表面に牛乳をはけで塗り、190℃のオーブンでこんがり焼き色がつくまで12分ほど焼く。

Raw sugar roll

黒糖ロール

黒糖がほんのり香る、やさしい味わいのパン。
少し多めの砂糖で、しっとりと焼き上げます。
黒糖は溶けにくいので、水分のほうに混ぜて。
成形時にレーズンを巻くのもおすすめです。

Salted roll

塩パン

もともとはオーストリアの細長い塩パン・
ザルツシュタンゲンから生まれたそう。
巻き込み用のバターは有塩でも。
じゅわっとバターが溶け出します。

黒糖ロール

材料（直径8cmのもの5個分）

A 強力粉…120g
塩…3g

湯種 強力粉…30g
熱湯…60g

B ドライイースト…小さじ½（1.5g）
牛乳…40g
水…25g
黒砂糖（粉末のもの）…25g
バター（食塩不使用）…10g

ツヤ出し用の牛乳…適量

下準備

・バターは電子レンジで40秒加熱して溶かし、粗熱をとる。

作り方

1 **生地作り** ボウルに湯種の材料を順に入れ、ゴムベラで手早く30秒混ぜ、10分以上おいて粗熱をとる。**B**を量り入れて泡立て器で混ぜ、**A**を量り入れ、ゴムベラで均一になるまで2分混ぜる。ラップをかけ、室温で30分休ませる。

2 ぬらした手でボウルのまわりから生地をはがし、中心に折りたたむのを1周半くり返す。生地を裏返し、ラップをかけて室温で20分休ませる。

3 **一次発酵** 生地のボウルを冷蔵庫の野菜室に入れ、ひと晩（6時間）〜最長2日、2倍以上になるまで発酵させる。

4 **分割＆丸め** **ベンチタイム** 生地の表面に打ち粉（強力粉・分量外）をふって取り出し、カードで5分割し、表面を張らせるようにして丸め、底は軽くとじる。乾いたふきんをかぶせ、室温で10分休ませる。
＊1個あたり約61g

5 **成形** **二次発酵** 打ち粉をふって生地を裏返し、手で押して9cm長さの横長のだ円にのばし、上⅓、下⅓の順に折りたたんでそのつど手で押して平らにし、さらに上から半分にたたんでとじ目をつまんでくっつける。手で転がして25cm長さにし、ゆるめにひと結びし（**a**）、両端をつまんでくっつける（**b**）。オーブンシートを敷いた天板にとじ目を下にして並べ、オーブンの発酵機能35℃で60分発酵させる。
＊または乾いたふきんをかけ、室温でひと回り大きくなるまで発酵させる

6 **焼く** 表面に牛乳をはけで塗り、180℃に温めたオーブンで12分ほど焼く。

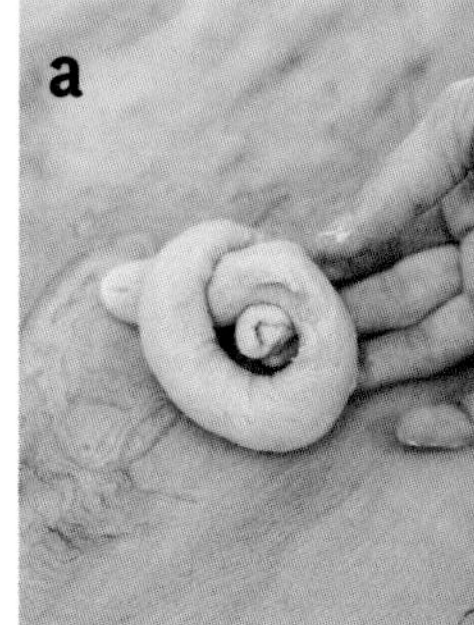
a

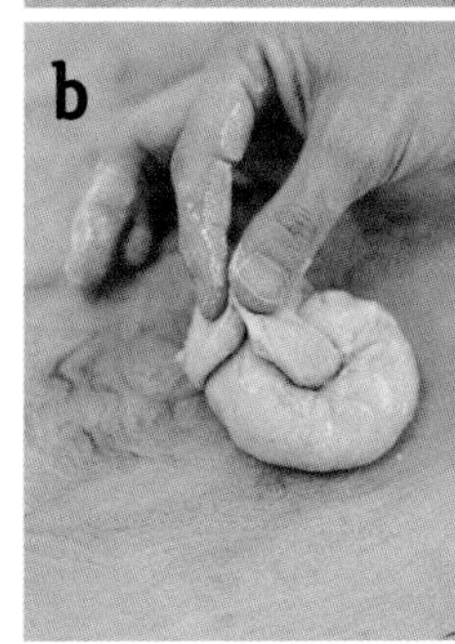
b

塩パン

材料（10cm長さのもの5個分）

A 強力粉…120g
砂糖…10g
塩…3g

湯種 強力粉…30g
熱湯…60g

B ドライイースト…小さじ½（1.5g）
牛乳…35g
水…30g
バター（食塩不使用）…10g

巻き込み用のバター（食塩不使用）…15g
ツヤ出し用の牛乳、岩塩（または粗塩）…各適量

下準備と作り方

1 「ロールパン」（18〜19ページ）と同じ。成形で生地を二等辺三角形にのばしたら、3gずつ細長く切ったバターを底辺にのせ、ひと巻きして（**a**）しっかりとじ込め、そのままゆるく巻く。牛乳を塗ったあと、岩塩をふって焼く。

a

Walnut bread

くるみパン

たっぷり混ぜ込んだくるみの食感がアクセントの、少し甘めのパンです。
生地に混ぜるくるみは、から焼きしたあと湯につけることで、
生地の水分を吸うのを防ぎ、えぐみも抑えられて食べやすくなります。
飾り用のくるみは、底につくまでぐっと押し込むと取れにくいです。

材料（直径9cmのもの5個分）

- **A** 強力粉…120g
  - 砂糖…20g
  - 塩…3g
- **湯種** 強力粉…30g
  - 熱湯…60g
- **B** ドライイースト…小さじ½（1.5g）
  - 牛乳…75g
  - バター（食塩不使用）…5g
- くるみ…生地用45g＋飾り用5粒
- ツヤ出し用の牛乳…適量

下準備

・くるみは170℃のオーブンで7分から焼きし、生地用は手で細かく割り、熱湯に5分つけて水けをふく。

・バターは電子レンジで40秒加熱して溶かし、粗熱をとる。

作り方

1 **生地作り** ボウルに湯種の材料を順に入れ、ゴムベラで手早く30秒混ぜ、10分以上おいて粗熱をとる。**B**を量り入れて泡立て器で混ぜ、**A**を量り入れ、ゴムベラで均一になるまで2分混ぜる。くるみを加えて全体に混ぜ、ラップをかけて室温で30分休ませる。

2 ぬらした手でボウルのまわりから生地をはがし、中心に折りたたむのを1周半くり返す。生地を裏返し、ラップをかけて室温で20分休ませる。

3 **一次発酵** 生地のボウルを冷蔵庫の野菜室に入れ、ひと晩（6時間）〜最長2日、2倍以上になるまで発酵させる。

4 **分割＆丸め** **ベンチタイム** 生地の表面に打ち粉（強力粉・分量外）をふって取り出し、カードで5分割し、表面を張らせるようにして丸め、底は軽くとじる。乾いたふきんをかぶせ、室温で10分休ませる。

＊1個あたり約70g

5 **成形** **二次発酵** 手に打ち粉をつけて軽く丸め直し、底はつまんでとじ、手で押して直径8cmにのばし（**a**）、カードでまわりに3cm長さの切り込みを5本入れる（**b**）。オーブンシートを敷いた天板に並べ、オーブンの発酵機能35℃で60分発酵させる。

＊または乾いたふきんをかけ、室温でひと回り大きくなるまで発酵させる

6 **焼く** まん中に飾り用のくるみを1粒ずつ底までぐっとうめ込み、表面とくるみに牛乳をはけで塗り、190℃に温めたオーブンで12分ほど焼く。

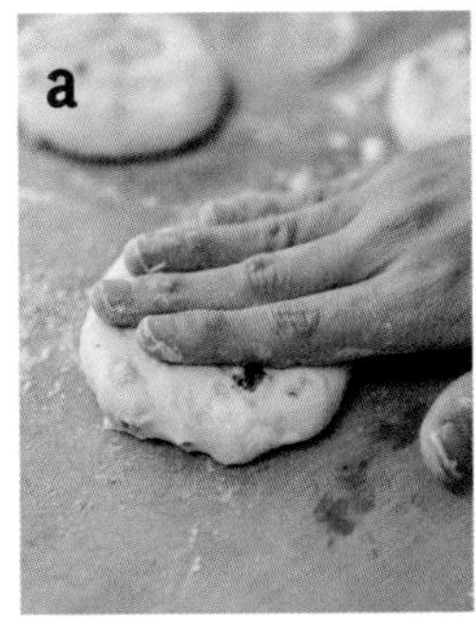

a

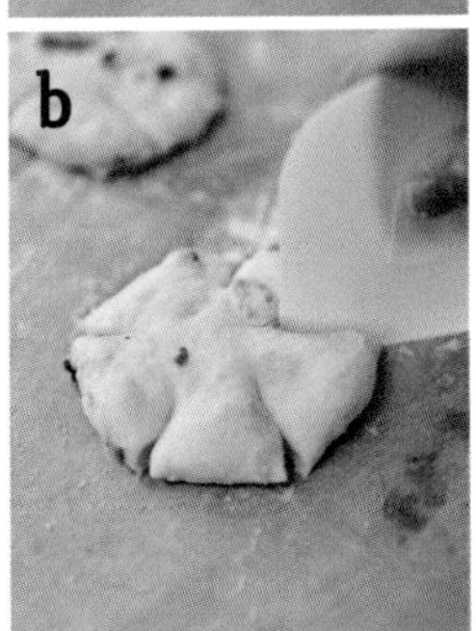

b

Bacon & potato bread

ベーコンポテトパン

レンチンしたじゃがいもを軽くつぶし、ベーコン、マヨネーズを混ぜたものを
たっぷり包んで焼いた、ボリューム満点のおそうざいパンです。
じゃがいもには塩けをきかせると、パン生地とのバランスがよくなります。
深めに切り込みを入れてフィリングを見せれば、ぐっとおいしそうな焼き上がりに。

材料（直径8cmのもの5個分）

A 強力粉…120g
砂糖…10g
塩…3g

湯種 強力粉…30g
熱湯…60g

B ドライイースト…小さじ½（1.5g）
牛乳…35g
水…30g
バター（食塩不使用）…10g

【フィリング】
じゃがいも（1.5cm角に切る）
…小1個（正味100g）
ベーコン（1cm幅に切る）…3枚
マヨネーズ…小さじ2
塩…小さじ¼
粗びき黒こしょう…少々

ツヤ出し用の牛乳…適量

下準備

・バターは電子レンジで40秒加熱して溶かし、粗熱をとる。

作り方

1 **生地作り** ボウルに湯種の材料を順に入れ、ゴムベラで手早く30秒混ぜ、10分以上おいて粗熱をとる。**B**を量り入れて泡立て器で混ぜ、**A**を量り入れ、ゴムベラで均一になるまで2分混ぜる。ラップをかけ、室温で30分休ませる。

2 ぬらした手でボウルのまわりから生地をはがし、中心に折りたたむのを1周半くり返す。生地を裏返し、ラップをかけて室温で20分休ませる。

3 **一次発酵** 生地のボウルを冷蔵庫の野菜室に入れ、ひと晩（6時間）〜最長2日、2倍以上になるまで発酵させる。

4 **フィリング作り** じゃがいもは耐熱皿にのせ、ラップをかけて電子レンジで2分30秒加熱し、粗くつぶして残りの材料を混ぜる。

5 **分割&丸め** **ベンチタイム** 生地の表面に打ち粉（強力粉・分量外）をふって取り出し、カードで5分割し、表面を張らせるようにして丸め、底は軽くとじる。乾いたふきんをかぶせ、室温で10分休ませる。
＊1個あたり約57g

6 **成形** **二次発酵** 打ち粉をふって生地を裏返し、手で押して直径9cmにのばし、**4**を等分してのせ、生地をまわりから集めて包んで（**a**）つまんでとじる。オーブンシートを敷いた天板にとじ目を下にして並べ、オーブンの発酵機能35℃で60分発酵させる。
＊または乾いたふきんをかけ、室温でひと回り大きくなるまで発酵させる

7 **焼く** はさみで十字に切り込みを入れ（**b**・中身が見えるくらい）、表面に牛乳をはけで塗り、180℃に温めたオーブンで15分ほど焼く。
＊切り込みは、縦に長めに1本⇒左右の順に入れると、生地がくっつかない

a

b

Custard bread

クリームパン

もっちり、しっとりしたパン生地に、
なめらかなカスタードクリームがぎっしり。
ややハードルが高いカスタードも、
電子レンジを使えば手軽に作れます。
レシピは全卵１個であっさり味ですが、
卵黄２個分で作れば、
濃厚なクリームになります。

材料（12×8cmのもの6個分）

A 強力粉…120g
砂糖…20g
塩…2g

湯種 強力粉…30g
熱湯…60g

B ドライイースト…小さじ½（1.5g）
牛乳…50g
卵…20g*
バター（食塩不使用）…15g

【カスタードクリーム】
卵…1個（50g）
砂糖…40g
薄力粉…15g
牛乳…200g
バニラビーンズ（あれば）…少々

＊残りはツヤ出し用にとっておく

下準備

・バターは電子レンジで40秒加熱して溶かし、粗熱をとる。

作り方

1 **生地作り** ボウルに湯種の材料を順に入れ、ゴムベラで手早く30秒混ぜ、10分以上おいて粗熱をとる。**B**を量り入れて泡立て器で混ぜ、**A**を量り入れ、ゴムベラで均一になるまで2分混ぜる。ラップをかけ、室温で30分休ませる。

2 ぬらした手でボウルのまわりから生地をはがし、中心に折りたたむのを1周半くり返す。生地を裏返し、ラップをかけて室温で20分休ませる。

3 **一次発酵** 生地のボウルを冷蔵庫の野菜室に入れ、ひと晩（6時間）～最長2日、2倍以上になるまで発酵させる。

4 **カスタードクリーム作り** 耐熱ボウルに卵、砂糖、バニラビーンズ（縦に切り込みを入れて中身をしごき出し、さやも一緒に）を入れて泡立て器で混ぜ、薄力粉（ふるい入れて）、牛乳（少しずつ）の順に加えて混ぜる。ラップをかけずに電子レンジで2分加熱し、泡立て器で混ぜる。さらに1分加熱して混ぜるのを3回くり返し、混ぜた時に跡が残るくらいのかたさにする（**a**）。バットに流し、表面にラップを貼りつけて保冷剤ではさんで冷やし、粗熱がとれたら冷蔵室で冷やす。
＊冷蔵室で2日保存可能、冷凍保存もOK

5 **分割＆丸め** **ベンチタイム** 生地の表面に打ち粉（強力粉・分量外）をふって取り出し、カードで6分割し、表面を張らせるようにして丸め、底は軽くとじる。乾いたふきんをかぶせ、室温で10分休ませる。
＊1個あたり約50g

6 **成形** **二次発酵** 打ち粉をふって生地を裏返し、打ち粉をふってめん棒で縦14×横9cmのだ円にのばし、下半分に**4**をふちを1.5cmあけて等分してのせ（**b**）、半分にたたんでふちを押してしっかりとじ込める（**c**）。カードでふちに1.5cm長さの切り込みを3本入れ（**d**）、オーブンシートを敷いた天板に並べ、オーブンの発酵機能35℃で60分発酵させる。
＊または乾いたふきんをかけ、室温でひと回り大きくなるまで発酵させる

7 **焼く** 表面に残りの卵をはけで塗り、190℃に温めたオーブンで12分ほど焼く。

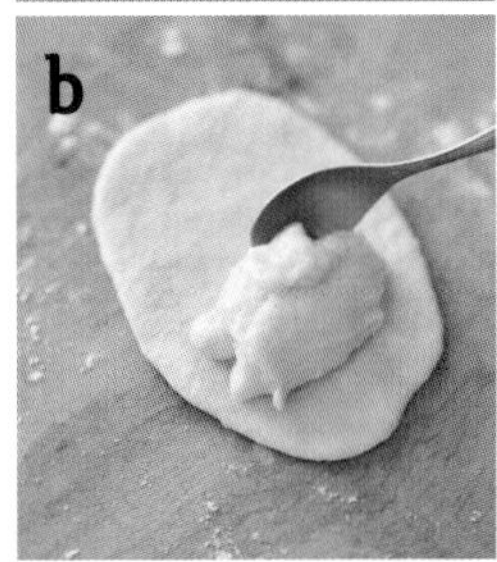

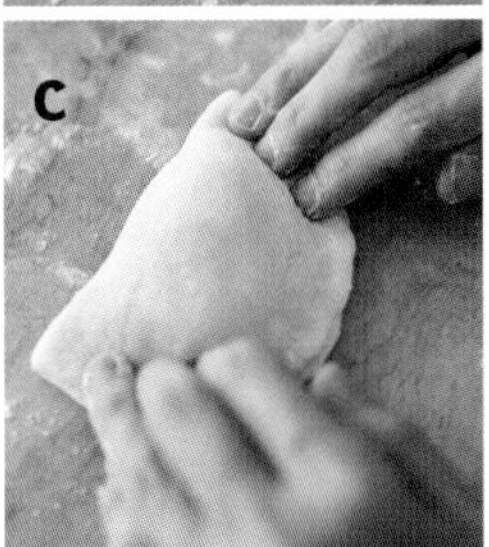

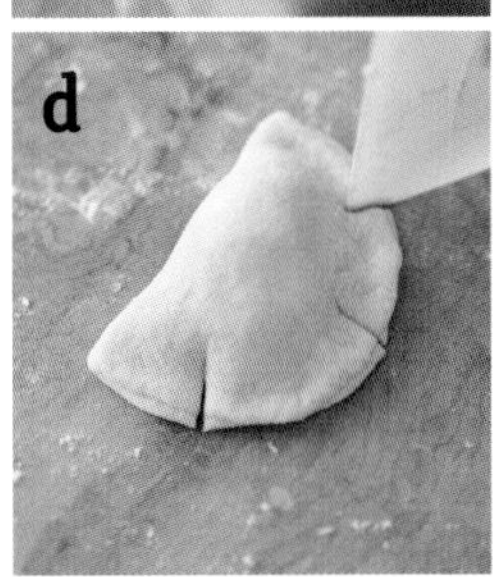

Chocolate cornet

チョココロネ

今も昔も、パン屋さんで人気のチョココロネ。チョコクリームは板チョコで、
電子レンジで手軽に作ります。生地を巻きつけるコロネ型も、
オーブンシートで手作り可能。焼き上がりに型からはずす時は、
完全に冷めてから、少しねじりながら引っぱるとスムーズです。

材料（12cm長さのもの6個分）

A
- 強力粉…120g
- 砂糖…20g
- 塩…2g

湯種
- 強力粉…30g
- 熱湯…60g

B
- ドライイースト…小さじ½（1.5g）
- 牛乳…50g
- 卵…20g*
- バター（食塩不使用）…15g

【チョコクリーム】
- 板チョコ（ビター）…1枚（50g）
- 卵…1個（50g）
- 砂糖…20g
- 薄力粉…10g
- ココア…5g
- 牛乳…200g

*残りはツヤ出し用にとっておく

下準備

・バターは電子レンジで40秒加熱して溶かし、粗熱をとる。

作り方

1 **生地作り** ボウルに湯種の材料を順に入れ、ゴムベラで手早く30秒混ぜ、10分以上おいて粗熱をとる。**B**を量り入れて泡立て器で混ぜ、**A**を量り入れ、ゴムベラで均一になるまで2分混ぜる。ラップをかけ、室温で30分休ませる。

2 ぬらした手でボウルのまわりから生地をはがし、中心に折りたたむのを1周半くり返す。生地を裏返し、ラップをかけて室温で20分休ませる。

3 **一次発酵** 生地のボウルを冷蔵庫の野菜室に入れ、ひと晩（6時間）〜最長2日、2倍以上になるまで発酵させる。

4 **チョコクリーム作り** 耐熱ボウルに卵、砂糖を入れて泡立て器で混ぜ、薄力粉とココア（ふるい入れて）、牛乳（少しずつ）の順に加えて混ぜる。ラップをかけずに電子レンジで2分加熱し、泡立て器で混ぜる。さらに1分加熱して混ぜるのを3回くり返し、混ぜた時に跡が残るかたさにする（27ページ**a**参照）。熱いうちに1cm角に刻んだチョコを加えて溶かし、バットに流し、表面にラップを貼りつけて保冷剤ではさんで冷やし、粗熱がとれたら冷蔵室で冷やす。
*冷蔵室で2日保存可能、冷凍保存もOK

5 **分割＆丸め** **ベンチタイム** 生地の表面に打ち粉（強力粉・分量外）をふって取り出し、カードで6分割し、表面を張らせるようにして丸め、底は軽くとじる。乾いたふきんをかぶせ、室温で10分休ませる。
*1個あたり約50g

6 **成形** **二次発酵** 打ち粉をふって生地を裏返し、手で押して8cm長さの横長のだ円にのばし、上⅓、下⅓の順に折りたたんでそのつど手で押して平らにし、さらに上から半分にたたんでとじ目をつまんでくっつける。手で転がして35cm長さにし、コロネ型に上からゆるめに巻きつけ（**a**）、巻き終わりをつまんでくっつける。オーブンシートを敷いた天板にとじ目を下にして並べ、オーブンの発酵機能35℃で60分発酵させる。
*または乾いたふきんをかけ、室温でひと回り大きくなるまで発酵させる

7 **焼く** 表面に残りの卵をはけで塗り、190℃に温めたオーブンで12分ほど焼く。完全に冷めたらねじりながら型から抜き、厚手のビニール袋に**4**を入れて角を1cm切り、奥まで絞り入れる（**b**）。

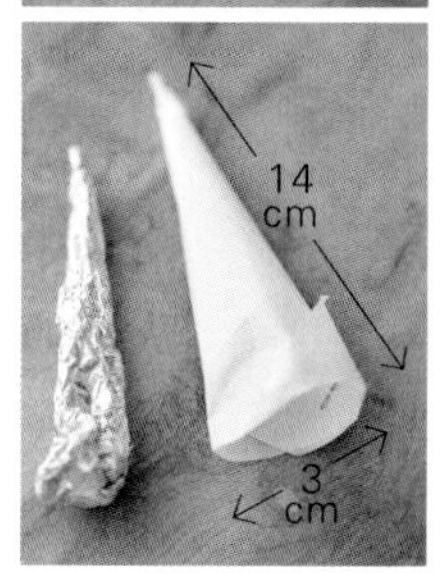

オーブンシートを12cm角に切り、角が先になるようにして底径3cm、長さ14cmの円すい形に丸め、ホチキスで留める。はみ出た上部は外側に折り、先端をねじって固定する。アルミホイルをひと回り小さく丸め、中に詰めて補強する。このコロネ型を6個作る。市販の型でもOK。

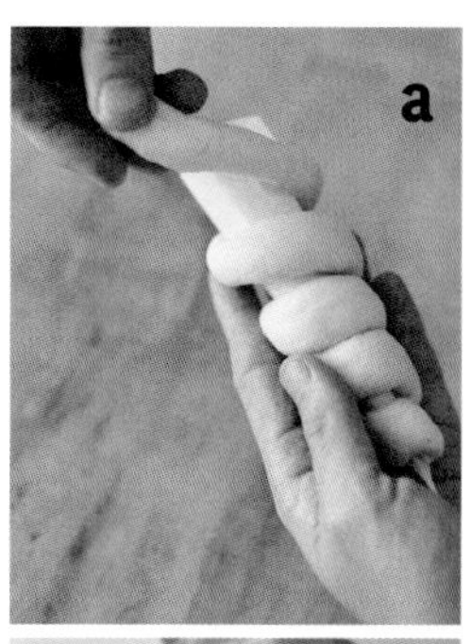

Olive & cheese bread

オリーブとチーズのパン

パン生地の下にチーズを敷いて焼き、ひっくり返すと、
パリパリのチーズの羽根がついたパンになります。
オリーブの塩けと相まって、おつまみにもぴったり。
オリーブのかわりに、枝豆やくるみで作ってもＯＫです。

材料（直径8cmのもの5個分）

A 強力粉…120g
砂糖…20g
塩…3g

湯種 強力粉…30g
熱湯…60g

B ドライイースト…小さじ½（1.5g）
牛乳…40g
水…30g
米油…10g

グリーンオリーブ（種なし）…40g
ピザ用チーズ…50g

下準備

・オリーブは汁けをきり、半分に切る。

作り方

1 **生地作り** ボウルに湯種の材料を順に入れ、ゴムベラで手早く30秒混ぜ、10分以上おいて粗熱をとる。**B**を量り入れて泡立て器で混ぜ、**A**を量り入れ、ゴムベラで均一になるまで2分混ぜる。オリーブを加えて全体に混ぜ、ラップをかけて室温で30分休ませる。

2 ぬらした手でボウルのまわりから生地をはがし、中心に折りたたむのを1周半くり返す。生地を裏返し、ラップをかけて室温で20分休ませる。

3 **一次発酵** 生地のボウルを冷蔵庫の野菜室に入れ、ひと晩（6時間）～最長2日、2倍以上になるまで発酵させる。

4 **分割&丸め** **ベンチタイム** 生地の表面に打ち粉（強力粉・分量外）をふって取り出し、カードで5分割し、表面を張らせるようにして丸め、底は軽くとじる。乾いたふきんをかぶせ、室温で10分休ませる。
＊1個あたり約66g

5 **成形** **二次発酵** 手に打ち粉をつけて表面を張らせるようにして丸め直し、底はつまんでとじる。オーブンシートを敷いた天板にチーズを等分して丸く広げ（**a**）、その上にとじ目を下にして生地をのせ、チーズにくっつけるように手で押して直径6cmにのばし（**b**）、オーブンの発酵機能35℃で50分発酵させる。
＊または乾いたふきんをかけ、室温でひと回り大きくなるまで発酵させる

6 **焼く** 190℃に温めたオーブンで12分ほど焼く。

a

b

Taiwan green onion bread

台湾ねぎパン

台湾のベーカリーでは定番のねぎパン(香蔥麵包)。本場では生地も卵液も甘めの味つけですが、砂糖を減らして、そうざいパンにアレンジ。米粉は生地をよりもちっとさせ、ねぎとの相性も抜群です。フィリングは卵液も残らず入れると、生地とのつなぎになります。

材料（11×9cmのもの5個分）

A
- 強力粉…120g
- 砂糖…15g
- 塩…2g

湯種
- 米粉（なければ強力粉）…30g
- 熱湯…60g

B
- ドライイースト…小さじ½（1.5g）
- 牛乳…50g
- 卵…20g
- バター（食塩不使用）…15g

【フィリング】
- 万能ねぎ（小口切り）…½束（50g）
- 卵…25g*
- マヨネーズ、ごま油…各小さじ1
- 塩…小さじ¼

*残りはツヤ出し用にとっておく

米を製粉した米粉は、湯種に使うとよりもっちりした食感になるのが特徴。この本のパンはすべて、湯種の分も含めて、粉の全体量の20〜30%を米粉に置き換えてもOK。米粉は製パン用のものでなくていい。

下準備

・バターは電子レンジで40秒加熱して溶かし、粗熱をとる。

作り方

1 **生地作り** ボウルに湯種の材料を順に入れ、ゴムベラで手早く30秒混ぜ（**a**）、10分以上おいて粗熱をとる。**B**を量り入れて泡立て器で混ぜ、**A**を量り入れ、ゴムベラで均一になるまで2分混ぜる。ラップをかけ、室温で30分休ませる。

2 ぬらした手でボウルのまわりから生地をはがし、中心に折りたたむのを1周半くり返す。生地を裏返し、ラップをかけて室温で20分休ませる。

3 **一次発酵** 生地のボウルを冷蔵庫の野菜室に入れ、ひと晩（6時間）〜最長2日、2倍以上になるまで発酵させる。

4 **分割&丸め** **ベンチタイム** 生地の表面に打ち粉（強力粉・分量外）をふって取り出し、カードで5分割し、表面を張らせるようにして丸め、底は軽くとじる。乾いたふきんをかぶせ、室温で10分休ませる。

＊1個あたり約60g

5 **成形** **二次発酵** 手に打ち粉をつけて軽く丸め直し、底はつまんでとじ、手で押して縦8×横7cmのだ円にのばす。オーブンシートを敷いた天板に並べ、オーブンの発酵機能35℃で50分発酵させる。

＊または乾いたふきんをかけ、室温でひと回り大きくなるまで発酵させる

6 **焼く** 手に打ち粉をつけ、ふちを2cm残してまん中を押してくぼませ（**b**）、混ぜたフィリングを卵液ごと等分してのせ（**c**）、ふちに残りの卵をはけで塗る。180℃に温めたオーブンで12分ほど焼く。

Ciabatta

チャバタ

イタリア北部発祥の「スリッパ」という意味のパン。
水分が多めの生地で、丸めやベンチタイムは必要なく、
一次発酵のあと生地をのばしたら、ラフにカットするだけです。

Prosciutto & mozzarella sandwich

生ハムモッツァレラサンド

Tuna & onion sandwich

ツナオニオンサンド

チャバタ

材料（15×6cmのもの3個分）

A 強力粉…120g
砂糖…3g
塩…3g

湯種 強力粉…30g
熱湯…60g

B ドライイースト…小さじ⅓（1g）
水…70g
オリーブ油…6g

作り方

1 **生地作り** ボウルに湯種の材料を順に入れ、ゴムベラで手早く30秒混ぜ、10分以上おいて粗熱をとる。**B**を量り入れて泡立て器で混ぜ、**A**を量り入れ、ゴムベラで均一になるまで2分混ぜる。ラップをかけ、室温で30分休ませる。

2 ぬらした手でボウルのまわりから生地をはがし、中心に折りたたむのを1周半くり返す。生地を裏返し、ラップをかけて室温で20分休ませる。

3 **一次発酵** 生地のボウルを冷蔵庫の野菜室に入れ、ひと晩（6時間）〜最長2日、2倍以上になるまで発酵させる。

4 **成形** **二次発酵** 生地の表面に打ち粉（強力粉・分量外）をふって取り出し、指で引っぱって15×15cmにのばし、打ち粉をふってカードで縦に3等分する（**a**）。打ち粉をふり、オーブンシートを敷いた天板に並べ、乾いたふきんをかぶせ、室温で70分おく。

5 **焼く** オーブンを250℃に温める。霧吹きで生地の上部に向かって3回水をかけ、210℃に設定し直したオーブンで15分ほど焼く。

生ハムモッツァレラサンド

材料（3個分）

チャバタ…3個
生ハム…6枚（60g）
モッツァレラチーズ（6等分の薄切り）…1個（100g）
トマト（6等分の薄切り）…1個
ルッコラ…3株
オリーブ油…大さじ3
塩…3つまみ

作り方

1 チャバタの厚みを半分に切り、断面にオリーブ油大さじ½を回しかけ、生ハム、チーズ、トマト、ルッコラの順にのせ、オリーブ油大さじ½、塩ひとつまみをふってはさむ。

ツナオニオンサンド

材料（3個分）

チャバタ…3個

A ツナ缶（汁けをきる）…小2缶（140g）
玉ねぎ（薄切りにし、水にさらして水けをふく）…大½個
レモン汁、オリーブ油…各大さじ2
塩…小さじ⅓

作り方

1 チャバタの厚みを半分に切り、混ぜた**A**をはさむ。

プチトマトのマリナーラピザ

マリナーラとは、トマト、にんにく、オリーブ油、バジルで作るシンプルなトマトソースのこと。二次発酵いらずのピザは、ランチにもおすすめ。生地は熱したフライパンで先に焼くことで、石窯で作るピザのおいしさを再現します。

Shrimp & mushroom pizza

えびとマッシュルームのピザ

どっさりのマッシュルームは、にんにくで炒めてうまみたっぷりに。高温のフライパンで底に香ばしく焼き色をつけた生地と、とろ～りチーズの食感がとまらないおいしさです。えびはツナやベーコン、きのこは好みのものでＯＫです。

プチトマトのマリナーラピザ

材料（直径15cmのもの2枚分）

A 強力粉…120g
砂糖…3g
塩…3g

湯種 強力粉…30g
熱湯…60g

B ドライイースト…小さじ1/3（1g）
水…70g
オリーブ油…6g

【トマトソース】
トマトピューレ…大さじ2
にんにく（すりおろす）…1/2かけ
塩、砂糖…各小さじ1/4

プチトマト（横半分に切る）…12個

C オリーブ油…大さじ1
塩…ふたつまみ
バジル（ドライ）…小さじ1/4

作り方

1 **生地作り** ボウルに湯種の材料を順に入れ、ゴムベラで手早く30秒混ぜ、10分以上おいて粗熱をとる。**B**を量り入れて泡立て器で混ぜ、**A**を量り入れ、ゴムベラで均一になるまで2分混ぜる。ラップをかけ、室温で30分休ませる。

2 ぬらした手でボウルのまわりから生地をはがし、中心に折りたたむのを1周半くり返す。生地を裏返し、ラップをかけて室温で20分休ませる。

3 **一次発酵** 生地のボウルを冷蔵庫の野菜室に入れ、ひと晩（6時間）〜最長2日、2倍以上になるまで発酵させる。

4 **分割&丸め** **ベンチタイム** 生地の表面に打ち粉（強力粉・分量外）をふって取り出し、カードで2分割し、表面を張らせるようにして丸め、底は軽くとじる。乾いたふきんをかぶせ、室温で10分休ませる。
＊1個あたり約140g

5 **成形** 打ち粉をふり、手で押してふちが少し厚くなるようにしながら、直径15cmにのばす。

6 **焼く** フッ素樹脂加工のフライパンを強めの中火で熱し、生地をのせ（やけどに注意）、ふちを1.5cm残して混ぜたトマトソース、プチトマト（断面を上にして）、**C**の順に等分してのせ、底が色づくまで8分ほど焼く（**a**）。フライ返しで魚焼きグリルに移して強火で5分、または天板ごと最高温度に温めたオーブンに移し（やけどに注意）、250℃に設定し直してふちにところどころこげ目がつくまで7分ほど焼く。

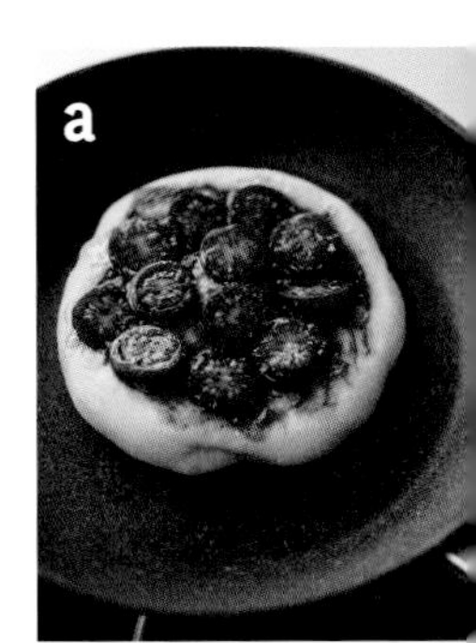
a

えびとマッシュルームのピザ

材料（直径15cmのもの2枚分）

A
湯種 上と同じ
B

むきえび（あれば背ワタを除く）…8尾（120g）
マッシュルーム（薄切りにし、20枚を取り分ける）…2パック（200g）
にんにく（みじん切り）…1かけ
塩…小さじ1/3
オリーブ油…大さじ1
ピザ用チーズ…大さじ6

C オリーブ油…大さじ1
塩…ふたつまみ

作り方

1 上と同じ。フライパンにオリーブ油、にんにくを入れて中火にかけ、香りが出たらえび、マッシュルームを加えて炒め、薄く色づいたら塩をふり、粗熱をとる。生地をフライパンにのせたら、ふちを1.5cm残して炒めたえびとマッシュルーム、チーズ、取り分けたマッシュルーム、**C**の順に等分してのせ、同様に焼く。

PART 2

もちもちベーグル

もちもち食感のベーグルは、通常は粉に対して50〜60%の水分で作りますが、このレシピは70%以上の高加水ベーグル。湯種を利用して、さらにもっちりと甘みのあるベーグルに仕上げました。一次発酵なしのレシピが多いけれど、発酵させてよりふんわりと。成形で片端を開いた時に薄くするのがコツです。一次発酵なしで作ってもよく、その場合はむぎゅっとした食感になります。

Plain bagel

プレーンベーグル

粉、砂糖、塩、イースト、水だけのシンプルな配合だからこそ、
低温発酵で引き出されたうまみがしっかり感じられます。
生地がベタつきやすく、破れやすいので、成形時には気をつけて。
ゆで時間を短めにして、皮もやわらかく焼き上げています。
発酵させすぎると、表面がツヤツヤにならないので注意してください。

Plain bagel

プレーン ベーグル

材料（直径7cmのもの4個分）

A 強力粉…120g
砂糖…5g
塩…3g

湯種 強力粉…20g
熱湯…40g

B ドライイースト…小さじ⅓（1g）
水…60g＊

＊春・夏・秋は冷蔵室で冷やし、冬は水道水くらいの温度（20℃）にして。詳しくは14ページ参照

下準備

・ボウルに湯種の材料を順に入れ、ゴムベラで手早く30秒混ぜ、10分以上おいて粗熱をとる（10ページ参照）。

1 生地作り

湯種のボウルに**B**を量り入れ、泡立て器で大きなかたまりがなくなるまで混ぜ、**A**を量り入れ、ゴムベラで均一になるまで2分混ぜ、最後は手でひとまとめにする。

→

休ませる（30分）

ラップをかけ、室温で30分休ませる。

→

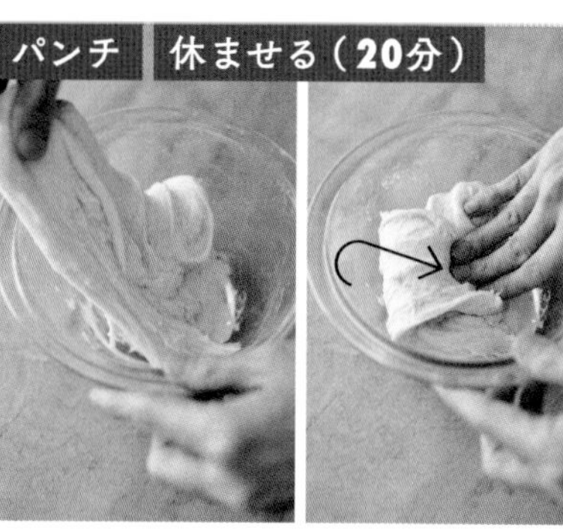

水でぬらした手でボウルのまわりから生地をはがし、中心に向かって折りたたむのを1周半くり返す（パンチ）。生地を裏返し、ラップをかけて室温で20分休ませる。

2 一次発酵

生地のふちにテープなどで印をつけ、冷蔵庫の野菜室でひと晩（6時間）〜最長2日発酵させる。

→

生地の高さが2倍以上になればOK。

＊2倍になっていなければ、室温で2倍以上になるまで待つ

→

3 分割＆丸め

生地に打ち粉（強力粉・分量外）をふり、カードを1周差し込んでボウルを返して取り出し、カードで4分割する。手で押して平らにし、ふちを内側に集めるようにして丸くし、裏返して表面を張らせるように丸め、底は軽くとじる。

4 ベンチタイム

台にのせ、乾いたふきんをかぶせ、室温で10分休ませる。
＊1個あたり約61g

5 成形

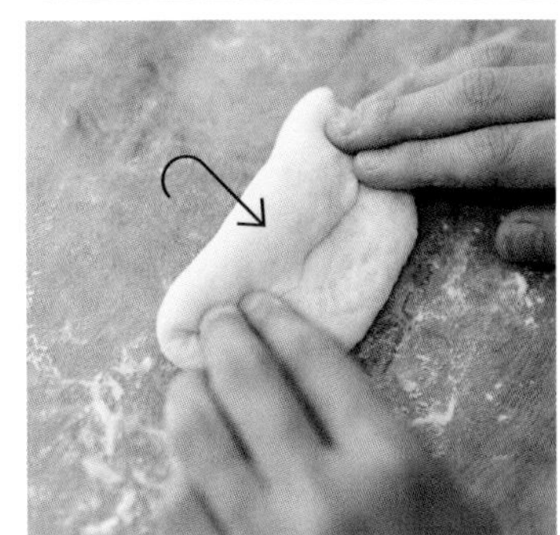

打ち粉をふって生地を裏返し、手で押して8cm長さの横長のだ円にのばし、上⅓、下⅓の順に折りたたみ、そのつど手で押して平らにする。

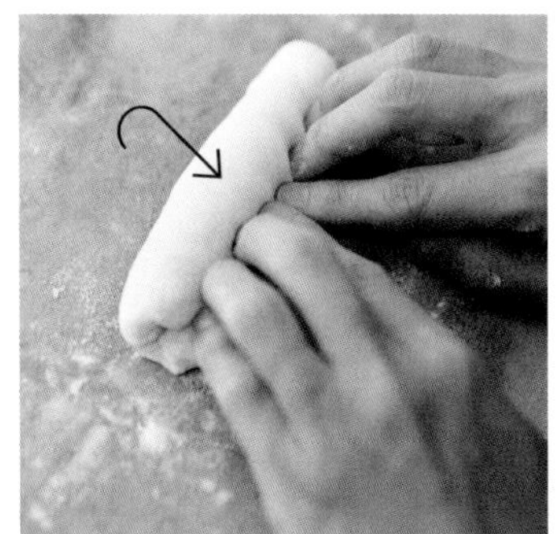

さらに上から半分にたたみ、とじ目をつまんでしっかりくっつける。

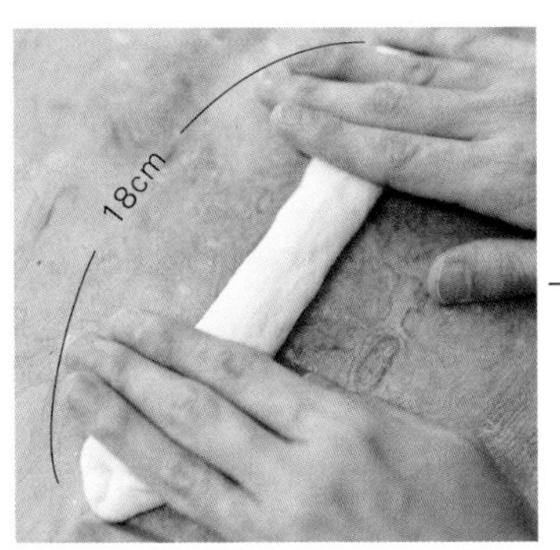

手で転がして18cm長さにし、

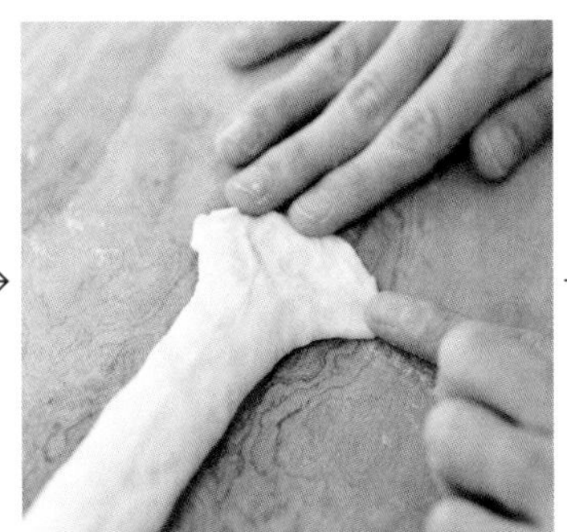

片方の端を開いて平たくし、
＊できるだけ薄くすると、仕上がりがきれいに

もう片方の端にしっかりかぶせて包み、とじ目はつまんでくっつける。
＊平たくしたほうの根元にしっかりかませると、均一な太さに

6 二次発酵

10cm角に切ったオーブンシート4枚を天板に敷き、とじ目を下にしてのせ、オーブンの発酵機能35℃で40分発酵させる。少しふっくらすればOK。オーブンを180℃に温める。
＊または乾いたふきんをかけ、室温で少しふっくらするまで発酵させる

7 ゆでる

フライパンに湯1ℓを沸かして砂糖大さじ1(分量外)を加え、生地をシートごと裏返して入れ(シートははずして天板に戻す)、片面15秒ずつ弱火でゆでる。
＊生地に火が入ってくると、シートははがしやすくなる

8 焼く

網じゃくしですくい、とじ目を下にしてシートにのせ、180℃のオーブンでこんがり焼き色がつくまで15分ほど焼く。

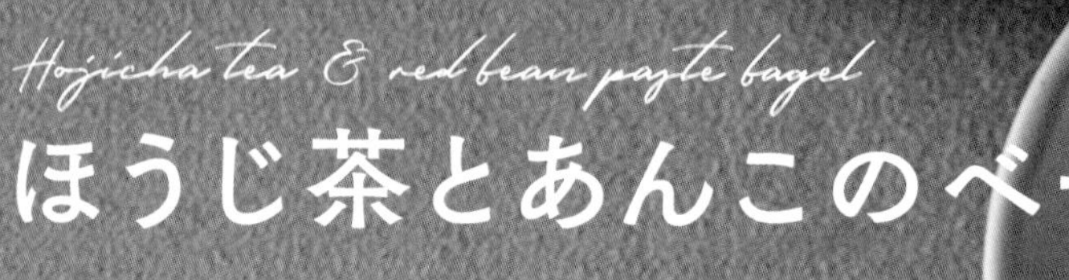

Hojicha tea & red bean paste bagel

ほうじ茶とあんこのベーグル

ほうじ茶液を水分として生地に使用し、
茶葉も加えて、お茶の香りを立たせます。
あんこを生地にのせたらひと巻きして、
しっかりとじ込めると、もれにくいです。

Matcha & white chocolate bagel

抹茶とホワイトチョコのベーグル

抹茶は水に加えて先に混ぜることで、
ダマになるのを防いで。ほろ苦い抹茶と
甘いホワイトチョコは、人気の組み合わせ。
かたまりで残ったチョコが美味です。

ほうじ茶とあんこのベーグル

材料 (直径7cmのもの4個分)

A 強力粉…120g
砂糖…10g
塩…3g
ほうじ茶の葉(ティーバッグ)…1袋(2g)

湯種 強力粉…20g
熱湯…40g

B ドライイースト…小さじ1/3(1g)
熱湯…80g
ほうじ茶の葉(ティーバッグ)…1袋(2g)

市販のこしあん(または粒あん)…100g

下準備

・Bの熱湯にほうじ茶のティーバッグを入れ、冷めるまでおき、ぎゅっと絞ってほうじ茶液65gを用意する。

作り方

1 **生地作り** ボウルに湯種の材料を順に入れ、ゴムベラで手早く30秒混ぜ、10分以上おいて粗熱をとる。Bを量り入れて泡立て器で混ぜ、Aを量り入れ、ゴムベラで均一になるまで2分混ぜ、手でひとまとめにする。ラップをかけ、室温で30分休ませる。

2 ぬらした手でボウルのまわりから生地をはがし、中心に折りたたむのを1周半くり返す。生地を裏返し、ラップをかけて室温で20分休ませる。

3 **一次発酵** 生地のボウルを冷蔵庫の野菜室に入れ、ひと晩(6時間)〜最長2日、2倍以上になるまで発酵させる。

4 **分割&丸め** **ベンチタイム** 生地の表面に打ち粉(強力粉・分量外)をふって取り出し、カードで4分割し、表面を張らせるようにして丸め、底は軽くとじる。乾いたふきんをかぶせ、室温で10分休ませる。
＊1個あたり約64g

5 **成形** **二次発酵** 打ち粉をふって生地を裏返し、めん棒で横13×縦9cmのだ円にのばし、上1/3にあんこを等分してのせ(**a**)、上からひと巻きして(**b**)しっかりとじ込める(**c**)。そのままくるくる巻いてとじ目をつまんでくっつけ、手で転がして18cm長さにし、片端を開いて平たくし、もう片端にかぶせてとじ目をつまんでくっつける。10cm角のオーブンシート4枚を天板に敷き、とじ目を下にしてのせ、オーブンの発酵機能35℃で40分発酵させる。
＊または乾いたふきんをかけ、室温でひと回り大きくなるまで発酵させる

6 **ゆでる** **焼く** フライパンに湯1ℓを沸かして砂糖大さじ1(分量外)を加え、生地をシートごと裏返して入れ(シートは天板に戻す)、片面15秒ずつ弱火でゆでる。湯をきってとじ目を下にしてシートにのせ、180℃に温めたオーブンで15分ほど焼く。

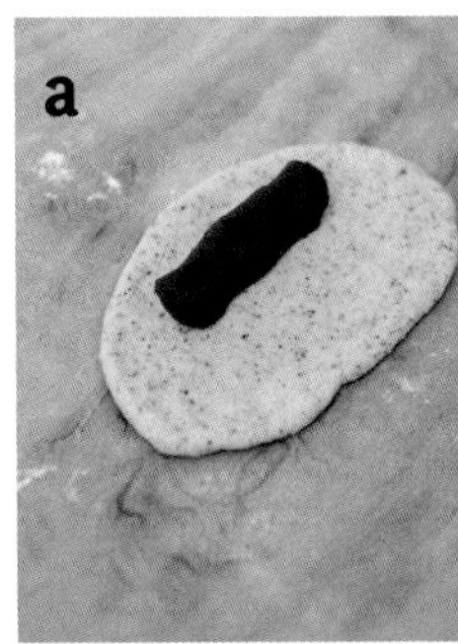
a

b

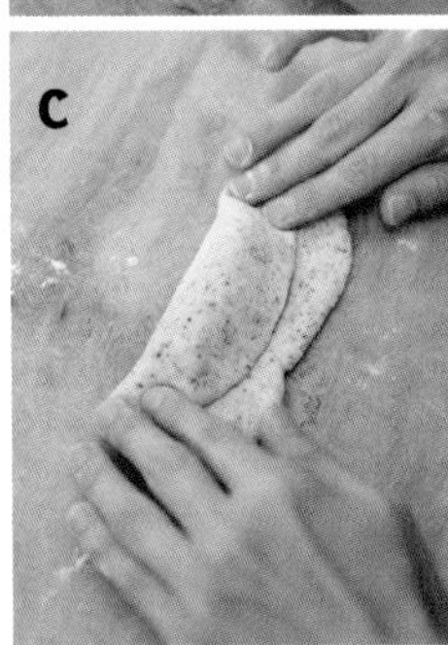
c

抹茶とホワイトチョコのベーグル

材料 (直径7cmのもの4個分)

A 強力粉…120g
砂糖…10g
塩…3g

湯種 強力粉…20g
熱湯…40g

B ドライイースト…小さじ1/3(1g)
水…65g
抹茶…5g

板チョコ(ホワイト・1cm角に刻む)…25g

作り方

1 上と同じ。あんこのかわりにホワイトチョコを等分してのせ、170℃に温めたオーブンで15分ほど焼く。
＊1個あたり約63g

Oreo bagel

オレオベーグル

生地の中にも飾りにも、オレオがぎっしり。
オレオは甘いクリームごと入れるので、
生地の味つけにもなっています。
飾り用のオレオはぐっと押し込むと、
焼き上がりに落ちにくいです。

Tiramisu bagel

ティラミスベーグル

ほろ苦いコーヒー生地でチーズを巻いた、
ティラミス風ベーグル。マスカルポーネは
粉を加えると、流れ出しにくいです。
クリームチーズで作ってもおいしい。

Edamame & cream cheese bagel

枝豆クリームチーズベーグル

枝豆の食感とクリームチーズのコクが好相性。
米粉の湯種で、よりもちもちです。
枝豆だけで作ったり、
刻んだベーコンやハムを加えて
食べごたえを出しても。

Pretzel bagel

プレッツェルベーグル

重曹でゆでることで、プレッツェル特有の
風味と色みに。牛乳とバターを加えた、
菓子パンのような生地のベーグルです。
クープは表面が乾いてから入れると、
スムーズに入れられます。

Oreo bagel

オレオベーグル

材料（直径8cmのもの4個分）

A 強力粉…120g
砂糖…5g
塩…3g

湯種 強力粉…20g
熱湯…40g

B ドライイースト…小さじ⅓（1g）
水…60g

「オレオ」クッキー…10組

作り方

1 **生地作り**〜**一次発酵** 「ほうじ茶とあんこのベーグル」（43ページ）と同じ。生地作りの最後にオレオ4組を4つに割って加え、手で細かくしながら混ぜる。

2 **分割＆丸め** **ベンチタイム** 生地の表面に打ち粉（強力粉・分量外）をふって取り出し、カードで4分割し、表面を張らせるようにして丸め、底は軽くとじる。乾いたふきんをかぶせ、室温で10分休ませる。
＊1個あたり約71g

3 **成形** **二次発酵** 打ち粉をふって生地を裏返し、めん棒で横13×縦9cmのだ円にのばし、上⅓にオレオを1組ずつ5つに割ってのせ（**a**）、上からひと巻きしてしっかりとじ込める。そのままくるくる巻いてとじ目をつまんでくっつけ、手で転がして18cm長さにし、片端を開いて平たくし、もう片端にかぶせてとじ目をつまんでくっつける。10cm角のオーブンシート4枚を天板に敷き、とじ目を下にしてのせ、オーブンの発酵機能35℃で40分発酵させる。
＊または乾いたふきんをかけ、室温でひと回り大きくなるまで発酵させる

4 **ゆでる** **焼く** フライパンに湯1ℓを沸かして砂糖大さじ1（分量外）を加え、生地をシートごと裏返して入れ（シートは天板に戻す）、片面15秒ずつ弱火でゆでる。湯をきってとじ目を下にしてシートにのせ、半分に割ったオレオをまん中の穴に底まで押し込み（**b**）、180℃に温めたオーブンで15分ほど焼く。

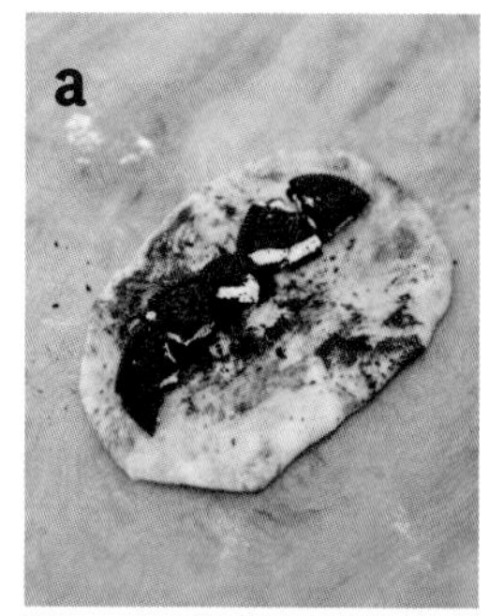
a

b

Tiramisu bagel

ティラミスベーグル

材料（直径7cmのもの4個分）

A 強力粉…120g
砂糖…15g
塩…3g

湯種 強力粉…20g
熱湯…40g

B ドライイースト…小さじ⅓（1g）
水…55g
インスタントコーヒー（顆粒のもの）…3g

【フィリング】
マスカルポーネチーズ…60g
砂糖…10g
強力粉…10g

下準備

・フィリングの材料は混ぜ、冷やしておく。

作り方

1 上と同じ。成形で生地をめん棒で横13×縦10cmのだ円にのばしたら、左右と下を1cmあけてフィリングを等分して塗り、上からくるくる巻いてとじ目をつまんでくっつける。
＊1個あたり約61g

Edamame & cream cheese bagel

枝豆クリームチーズベーグル

材料 (直径8cmのもの4個分)

A 強力粉…120g
砂糖…5g
塩…3g

湯種 米粉(なければ強力粉)…20g
熱湯…40g

B ドライイースト…小さじ⅓(1g)
水…60g

枝豆(冷凍・解凍してさやから出したもの)…50g

クリームチーズ…75g

作り方

1 「ほうじ茶とあんこのベーグル」(43ページ)と同じ。生地作りの最後に、水けをふいた枝豆を加えて混ぜる。成形で生地をめん棒で横13×縦9cmのだ円にのばしたら、上⅓にクリームチーズを等分してのせ、上からひと巻きしてしっかりとじ込め、そのままくるくる巻いてとじ目をつまんでくっつける。
＊1個あたり約73g

Pretzel bagel

プレッツェルベーグル

材料 (直径7cmのもの4個分)

A 強力粉…120g
砂糖…15g
塩…3g

湯種 強力粉…20g
熱湯…40g

B ドライイースト…小さじ⅓(1g)
牛乳…40g
水…25g
バター(食塩不使用)…5g

重曹…大さじ2

岩塩(または粗塩)…少々

下準備

- ボウルに湯種の材料を順に入れ、ゴムベラで手早く30秒混ぜ、10分以上おいて粗熱をとる。
- バターは電子レンジで40秒加熱して溶かし、粗熱をとる。

作り方

1 **生地作り** ～ **二次発酵** 「プレーンベーグル」(40～41ページ)と同じ。二次発酵は、オーブンの発酵機能35℃で30分。
＊1個あたり約65g

2 **ゆでる** **焼く** フライパンに湯1ℓを沸かして重曹を加え、生地をシートごと裏返して入れ(シートは天板に戻す)、片面15秒ずつ弱火でゆでる。湯をきってとじ目を下にしてシートにのせ、2分おいて表面を乾かし、「井」の字にクープを入れ(**a**)、岩塩をふる。190℃に温めたオーブンで15分ほど焼く。

重曹は「ベーキングソーダ」とも呼ばれ、炭酸ガスの力で重たい生地をふくらませる。これを湯に加えてゆでることで、プレッツェル特有の風味と色みに。

PART 3

型のいらない もちもち ハード系パン

湯種で作る高加水パンは、もっちりとしたかみごたえが楽しめるだけでなく、
皮までやわらかいのが特徴。かためのパンが苦手な方にもおすすめです。
カリッとさせたい時は、オーブントースターでさらに焼いて食べても。
霧吹きで蒸気を与えて焼き、表面が焼き固まるのを遅らせれば釜伸びして、
クープもきれいに。電気オーブンでもお店のように焼くことができますよ。

Rustique

リュスティック

湯種で作るもちもちパンの中でも、もっとも水分が多い生地がこちら。
本来なら準強力粉を使うところを、薄力粉で湯種を作ることで
やや歯切れのいい、さくっと軽さのあるパンに焼き上げます。
生地は丸める必要がなく、折りたたんで切って焼くだけと簡単です。

Rustique

リュスティック

材料（8×7cmのもの3個分）

A 強力粉…130g
砂糖…3g
塩…3g

湯種 薄力粉…20g
熱湯…40g

B ドライイースト…小さじ¼（0.75g）
水…90g*

＊春・夏・秋は冷蔵室で冷やし、冬は水道水くらいの温度（20℃）にして。詳しくは14ページ参照

下準備

・ボウルに湯種の材料を順に入れ、ゴムベラで手早く30秒混ぜ、10分以上おいて粗熱をとる（10ページ参照）。

1 生地作り

湯種のボウルに**B**を量り入れ、泡立て器で大きなかたまりがなくなるまで混ぜ、**A**を量り入れ、ゴムベラで均一になるまで2分混ぜる。

→

休ませる（**30**分）

ラップをかけ、室温で30分休ませる。

→

パンチ

水でぬらした手で、ボウルのまわりから生地をはがし、

休ませる（**20**分）

中心に向かって折りたたむのを1周半くり返す（パンチ）。生地を裏返し、ラップをかけて室温で20分休ませる。

→

2 一次発酵

生地のふちにテープなどで印をつけ、冷蔵庫の野菜室でひと晩（6時間）〜最長2日発酵させる。

→

生地の高さが2倍以上になればOK。

＊2倍になっていなければ、室温で2倍以上になるまで待つ

3 成形

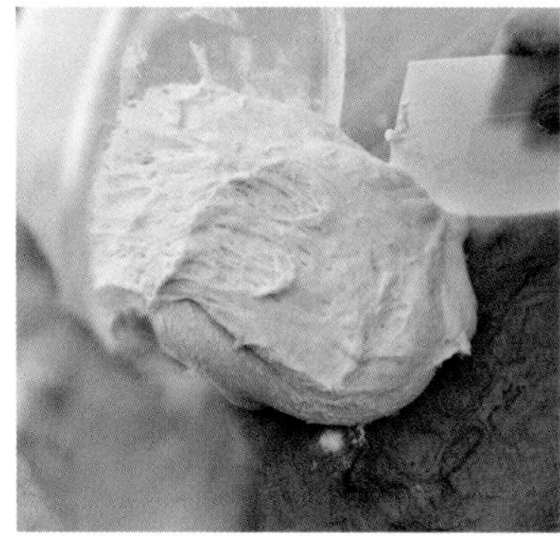

生地の表面に打ち粉（強力粉・分量外）をふり、ボウルとの間にカードを1周差し込んで生地をはがし、ボウルを返して取り出す。

＊打ち粉をふった面が下になるように

→

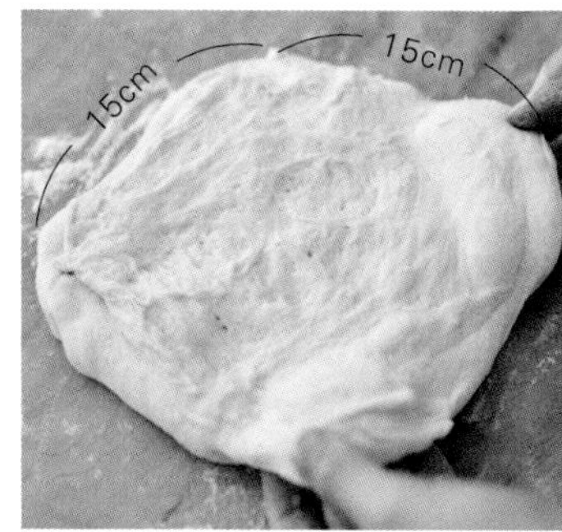

指で引っぱって15×15cmにのばし、

→

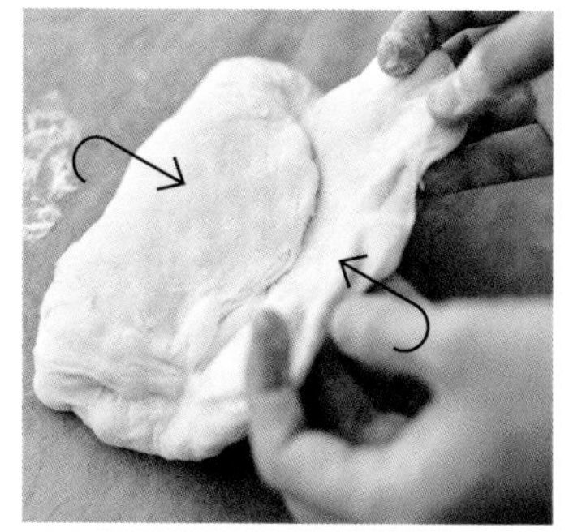

上下を折って三つ折りにし、とじ目をつまんでくっつける。

カードで左右の端を薄く切り落とし、縦に3等分する。

＊1個あたりのg数は量らなくてOK

→

4 二次発酵

天板と同サイズのボードや厚紙（雑誌）にオーブンシートを敷き、とじ目を下にして間隔をあけて並べ（端もまとめて一緒に）、乾いたふきんをかぶせ、室温で50分おく（真夏は35分たったら冷蔵室へ）。

少しゆるめばOK。二次発酵が終わる20分以上前にオーブンに天板を2枚入れ、設定できる最高温度に予熱する。

5 焼く

表面に強力粉（分量外）を茶こしでふり、クープナイフで斜めに1本8cm長さの切り込みを入れ、

＊ナイフは刃先を斜めに入れ、生地を削ぐように。開かなければ数回なぞって

＊クープの手前側が奥になるようにオーブンに入れると開きやすい

→

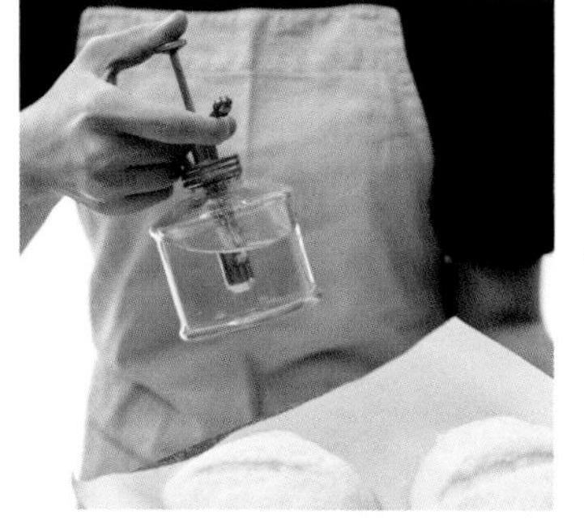

霧吹きで3回水をかけ（生地に直接かかると粉が飛ぶので、上に向けて）、オーブンの天板2枚の間にも霧吹きで3回水をかけ、下段の天板に生地をシートごとすべらせて入れる。

→

上段の天板に熱湯80mlを注ぎ（やけどに注意）、180℃で8分（こちらはあればスチームモード）⇒上の天板をはずして230℃で12分ほど焼く。

＊天板が2枚ない場合は、天板の下に熱湯を注いだバットを置いて焼いて

Rustique with spinach & Cheddar

ほうれんそうと
チェダーチーズのリュスティック

チェダーチーズを生地にたっぷり加え、トッピングにも使った
ボリューミーなパン。溶け出したチーズが、カリッと焼けたところもたまりません。
生地に練り込むほうれんそうは、水けをしっかり絞るのがポイント。
チーズはピザ用チーズにかえて作ってもおいしいです。

Rustique with tea, dried cranberry & chocolate

紅茶クランベリーチョコのリュスティック

生地にはアールグレイの茶葉を混ぜ込み、ほんのり紅茶を香らせて。
甘酸っぱいクランベリーとビターチョコの風味が、口いっぱいに広がります。
ドライクランベリーは、生地の水分を吸わないよう湯につけて戻しておいて。
チョコはこげやすいので、生地に混ぜ込まず、成形時に入れます。

Rustique with spinach & Cheddar

ほうれんそうとチェダーチーズのリュスティック

材料（8×8cmのもの3個分）

A 強力粉…130g
砂糖…3g
塩…3g

湯種 薄力粉…20g
熱湯…40g

B ドライイースト…小さじ1/4（0.75g）
水…85g

ほうれんそう…1/3束（70g）

チェダーチーズ…生地用40g＋トッピング用15g

下準備

・ほうれんそうはさっとゆで、水けをしっかり絞り、2cm幅に切って40g分を用意する。

・チェダーチーズは1.5cm角にちぎる。

作り方

1 **生地作り** ボウルに湯種の材料を順に入れ、ゴムベラで手早く30秒混ぜ、10分以上おいて粗熱をとる。**B**を量り入れて泡立て器で混ぜ、**A**を量り入れ、ゴムベラで均一になるまで2分混ぜる。ほうれんそうを加えて全体に混ぜ、ラップをかけて室温で30分休ませる。

2 ぬらした手でボウルのまわりから生地をはがし、中心に折りたたむのを1周半くり返す。生地を裏返し、ラップをかけて室温で20分休ませる。

3 **一次発酵** 生地のボウルを冷蔵庫の野菜室に入れ、ひと晩（6時間）〜最長2日、2倍以上になるまで発酵させる。

4 **成形** **二次発酵** 生地の表面に打ち粉（強力粉・分量外）をふって取り出し、指で引っぱって15×15cmにのばし、生地用のチーズの半量をまん中にのせ（**a**）、下1/3を折りたたんで残りの生地用のチーズをのせる（**b**）。上1/3をたたみ、とじ目をつまんでくっつけ、カードで左右の端を薄く切り落とし、縦に3等分する。オーブンシートを敷いた厚紙にとじ目を下にして並べ、乾いたふきんをかぶせ、室温で50分おく。

＊真夏は35分たったら冷蔵室に入れる

5 **焼く** 二次発酵が終わる20分以上前にオーブンに天板を2枚入れ、最高温度に予熱する。生地の表面に強力粉（分量外）を茶こしでふり、斜めに1本クープを入れ、トッピング用のチーズを散らす。霧吹きで生地とオーブン内に水をかけ、下段の天板に生地をシートごとすべらせて入れ、上段の天板に熱湯80mlを注ぎ（やけどに注意）、180℃で8分（こちらはあればスチームモード）⇒上の天板をはずして230℃で12分ほど焼く。

a

b

Rustique with tea, dried cranberry & chocolate

紅茶クランベリーチョコのリュスティック

材料 (8×7cmのもの3個分)

A 強力粉…130g
砂糖…3g
塩…3g
紅茶の葉(ティーバッグ・アールグレイ)…1袋(2g)

湯種 薄力粉…20g
熱湯…40g

B ドライイースト…小さじ$\frac{1}{4}$(0.75g)
水…95g

ドライクランベリー…40g
板チョコ(ビター)…$\frac{3}{5}$枚(30g)

下準備

- ドライクランベリーは熱湯にさっとつけ、水けをふく。
- 板チョコは1cm角に刻む。

甘酸っぱさとルビーのような鮮やかな赤色が特徴のドライクランベリーは、チョコの甘みとも相性抜群。ヨーグルトやアイスにのせて食べても美味。(富)⇒入手先は88ページ

作り方

1 **生地作り** ボウルに湯種の材料を順に入れ、ゴムベラで手早く30秒混ぜ、10分以上おいて粗熱をとる。**B**を量り入れて泡立て器で混ぜ、**A**を量り入れ、ゴムベラで均一になるまで2分混ぜる。クランベリーを加えて全体に混ぜ、ラップをかけて室温で30分休ませる。

2 ぬらした手でボウルのまわりから生地をはがし、中心に折りたたむのを1周半くり返す。生地を裏返し、ラップをかけて室温で20分休ませる。

3 **一次発酵** 生地のボウルを冷蔵庫の野菜室に入れ、ひと晩(6時間)〜最長2日、2倍以上になるまで発酵させる。

4 **成形** **二次発酵** 生地の表面に打ち粉(強力粉・分量外)をふって取り出し、指で引っぱって15×15cmにのばし(外側にクランベリーが出ていたら、こげるので内側に入れる)、チョコの半量をまん中にのせ、下$\frac{1}{3}$を折りたたんで残りのチョコをのせる(左ページ**a**、**b**参照)。上$\frac{1}{3}$をたたみ、とじ目をつまんでくっつけ、カードで左右の端を薄く切り落とし、縦に3等分する。オーブンシートを敷いた厚紙にとじ目を下にして並べ、乾いたふきんをかぶせ、室温で50分おく。
＊真夏は35分たったら冷蔵室に入れる

5 **焼く** 二次発酵が終わる20分以上前にオーブンに天板を2枚入れ、最高温度に予熱する。生地の表面に強力粉(分量外)を茶こしでふり、斜めに1本クープを入れ、霧吹きで生地とオーブン内に水をかける。下段の天板に生地をシートごとすべらせて入れ、上段の天板に熱湯80mlを注ぎ(やけどに注意)、180℃で8分(こちらはあればスチームモード)⇒上の天板をはずして230℃で12分ほど焼く。

Pain de campagne with rice flour

米粉入りカンパーニュ

米粉で作った湯種の力で、中はもっちり、冷めると皮までソフトなカンパーニュです。
ひと晩かけて低温熟成することで、米粉のやさしい甘みが味わえます。
水分が多く少しベタつきやすいので、生地を張らせる時は破れないよう、
打ち粉を適宜ふって作業して。米粉は製パン用でなくてもかまいません。

材料（直径12cmのもの1個分）＊直径18cmのボウル1個分

A
- 強力粉…110g
- 米粉（なければ薄力粉）…20g
- 砂糖…3g
- 塩…3g

湯種
- 米粉（なければ薄力粉）…20g
- 熱湯…40g

B
- ドライイースト…小さじ¼（0.75g）
- 水…90g

作り方

1 **生地作り** ボウルに湯種の材料を順に入れ、ゴムベラで手早く30秒混ぜ、10分以上おいて粗熱をとる。**B**を量り入れて泡立て器で混ぜ、**A**を量り入れ、ゴムベラで均一になるまで2分混ぜる。ラップをかけ、室温で30分休ませる。

2 ぬらした手でボウルのまわりから生地をはがし、中心に折りたたむのを1周半くり返す。生地を裏返し、ラップをかけて室温で20分休ませる。

3 **一次発酵** 生地のボウルを冷蔵庫の野菜室に入れ、ひと晩（6時間）〜最長2日、2倍以上になるまで発酵させる。

4 **丸め** **ベンチタイム** 生地の表面に打ち粉（強力粉・分量外）をふって取り出し、まわりの生地を中心に折りたたむのを1周くり返し（**a**）、裏返してふちの生地を下に入れ込むようにして表面を張らせるように丸め（**b**）、底は軽くとじる。乾いたふきんをかぶせ、室温で15分休ませる。

5 **成形** **二次発酵** 打ち粉をふって生地を裏返し、手で押して平らにしてから再び**a**、**b**をくり返して丸め直し、底はつまんでとじる。直径18cmのボウルに乾いたふきんを敷き、打ち粉を茶こしでたっぷりふり、生地のとじ目を上にして入れ（**c**）、乾いたふきんをかぶせて室温で60分おく。

＊ふきんはさらしなど、毛羽立ちが少ないものを

＊真夏は45分たったら冷蔵室に入れる

6 **焼く** 二次発酵が終わる20分以上前にオーブンに天板を2枚入れ、最高温度に予熱する。オーブンシートを敷いた厚紙に生地を裏返してのせ、粉が少なければ茶こしでふり、端から端まで十字にクープを入れる（**d**）。霧吹きで生地とオーブン内に水をかけ、下段の天板に生地をシートごとすべらせて入れ、上段の天板に熱湯80mlを注ぎ（やけどに注意）、180℃で8分（こちらはあればスチームモード）⇒上の天板をはずして230℃で18分ほど焼く。

＊クープの深さは5mmくらい。十字のまん中を数回なぞり、しっかり切ると均一に開きやすい

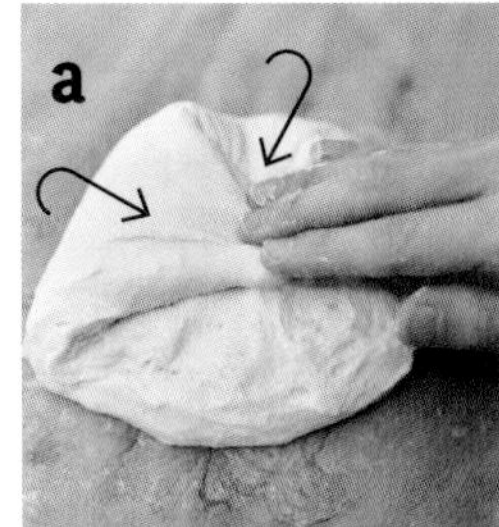
a

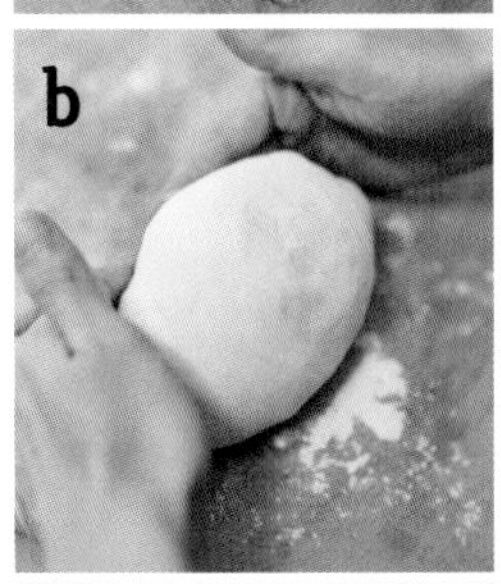
b

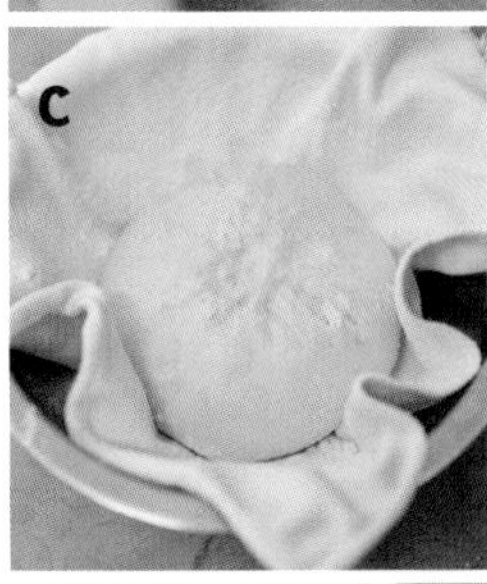
c

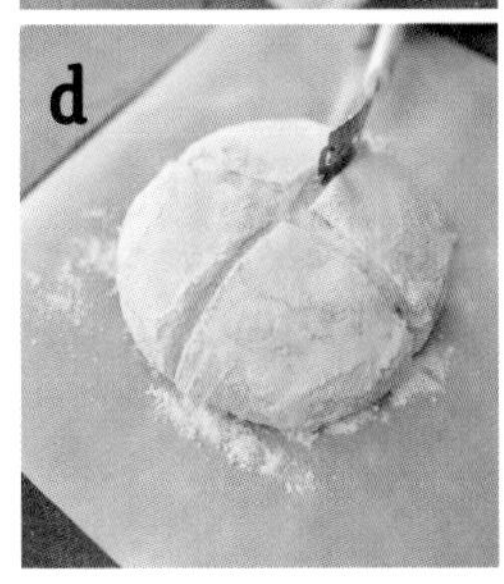
d

Pain de campagne with raw sugar & walnut

黒糖くるみカンパーニュ

生地に入れられる黒糖には限度があるので、
くるみを黒糖でキャラメリゼして加えることで、
黒糖の風味がより感じられるパンにしました。
黒糖くるみはそのままでもおいしいから、多めに作っても。

Petit pain de campagne with Camembert cheese

カマンベールのプチカンパーニュ

カマンベールを包んだカンパーニュは、プチサイズで
成形も比較的簡単。湯種は全粒粉入りで香ばしく、
生地はやや茶色っぽく仕上がります。ハーブ入りのオイルを
切り込みにたらせば、クープがしっかり開いて香りも抜群です。

Pain de campagne with raw sugar & walnut

黒糖くるみカンパーニュ

材料 （直径15cmのもの1個分）＊直径18cmのボウル1個分

A 強力粉…130g
塩…3g

湯種 薄力粉…20g
熱湯…40g

B ドライイースト…小さじ¼（0.75g）
水…85g
黒砂糖（粉末のもの）…20g

【黒糖くるみ】
黒砂糖（粉末のもの）…20g
水…大さじ½
くるみ…40g

下準備

・ボウルに湯種の材料を順に入れ、ゴムベラで手早く30秒混ぜ、10分以上おいて粗熱をとる。

・くるみは170℃のオーブンで7分から焼きし、大きいものは手で半分に割る。

作り方

1 **生地作り**〜**一次発酵** 「リュスティック」（50ページ）と同じ。

2 **黒糖くるみ作り** フライパンに黒砂糖、水を入れて中火にかけ、フツフツして泡がたくさん出てきたらくるみを加えてからめ（**a**）、オーブンシートに広げて冷ます。

3 **丸め** **ベンチタイム** 生地の表面に打ち粉（強力粉・分量外）をふって取り出し、まわりの生地を中心に折りたたむのを1周くり返し、裏返してふちの生地を下に入れ込むようにして表面を張らせるように丸め（57ページ**a**、**b**参照）、底は軽くとじる。乾いたふきんをかぶせ、室温で15分休ませる。

4 **成形** **二次発酵** 打ち粉をふって生地を裏返し、手で押して直径15cmにのばし、上半分に**2**の⅓量をのせて（**b**）下から半分に折りたたみ、さらに半分に**2**の⅓量をのせて（**c**）半分にたたむ。残りの**2**をのせ、生地をまわりから集めて包み（**d**）、つまんでとじる。直径18cmのボウルに乾いたふきんを敷き、打ち粉を茶こしでたっぷりふり、生地のとじ目を上にして入れ、乾いたふきんをかぶせて室温で60分おく。
＊真夏は45分たったら冷蔵室に入れる

5 **焼く** 二次発酵が終わる20分以上前にオーブンに天板を2枚入れ、最高温度に予熱する。オーブンシートを敷いた厚紙に生地を裏返してのせ、粉が少なければ茶こしでふり、端から端まで「井」の字にクープを入れる（**e**）。霧吹きで生地とオーブン内に水をかけ、下段の天板に生地をシートごとすべらせて入れ、上段の天板に熱湯80mlを注ぎ（やけどに注意）、180℃で8分（こちらはあればスチームモード）⇒上の天板をはずして230℃で16分ほど焼く。

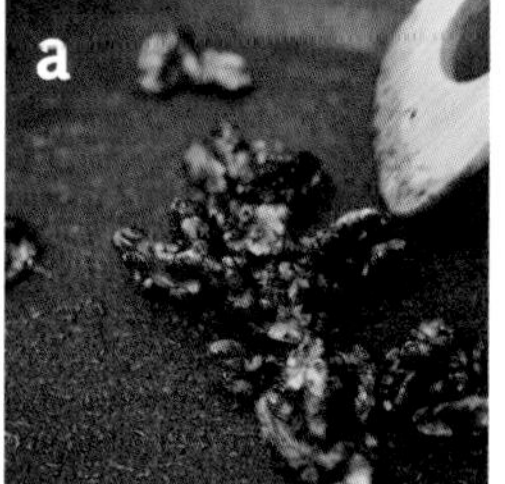
a

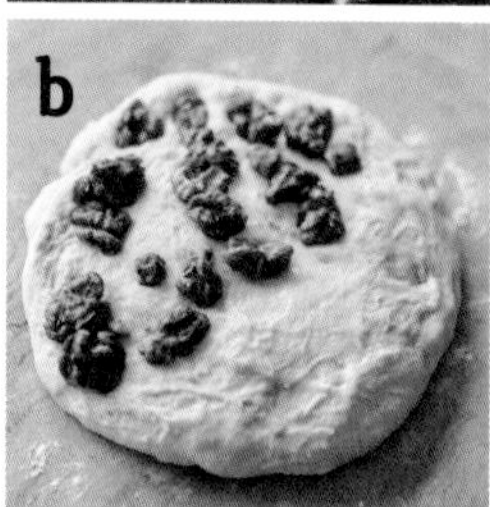
b

c

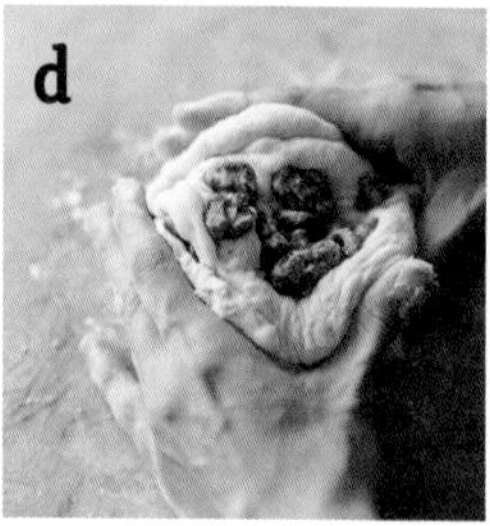
d

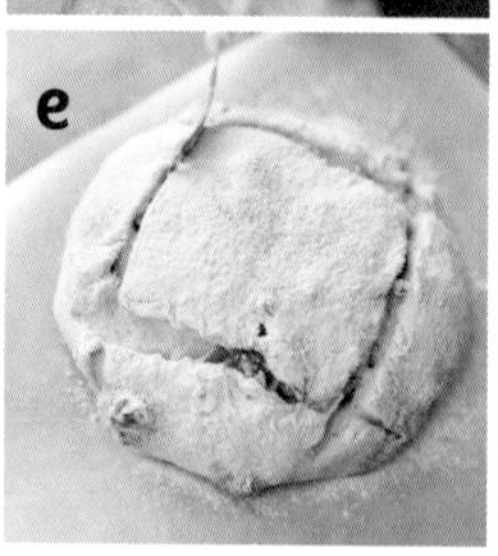
e

Petit pain de campagne with Camembert cheese

カマンベールのプチカンパーニュ

材料（8×7cmのもの4個分）

A 強力粉…130g
　砂糖…3g
　塩…3g

湯種 全粒粉（粗挽きタイプ）…20g＊
　熱湯…40g

B ドライイースト…小さじ¼（0.75g）
　水…85g

カマンベールチーズ…1個（90g）

C ローズマリー（葉をちぎる）…⅓枝
　オリーブ油…大さじ1

＊細挽きタイプでもOK（湯種は写真よりややかたくなる）

下準備

・カマンベールは縦横半分に切る。

・**C**は合わせて10分おく。

作り方

1 **生地作り** ボウルに湯種の材料を順に入れ、ゴムベラで手早く30秒混ぜ（**a**）、10分以上おいて粗熱をとる。**B**を量り入れて泡立て器で混ぜ、**A**を量り入れ、ゴムベラで均一になるまで2分混ぜる。ラップをかけ、室温で30分休ませる。

2 ぬらした手でボウルのまわりから生地をはがし、中心に折りたたむのを1周半くり返す。生地を裏返し、ラップをかけて室温で20分休ませる。

3 **一次発酵** 生地のボウルを冷蔵庫の野菜室に入れ、ひと晩（6時間）〜最長2日、2倍以上になるまで発酵させる。

4 **分割＆丸め** **ベンチタイム** 生地の表面に打ち粉（強力粉・分量外）をふって取り出し、打ち粉をふってカードで4分割し、表面を張らせるようにして丸め、底は軽くとじる。乾いたふきんをかぶせ、室温で15分休ませる。
＊1個あたり約69g

5 **成形** **二次発酵** 打ち粉をふって生地を裏返し、手で押して直径8cmにのばし、まん中にチーズを1切れずつのせ、生地をまわりから集めて包んでつまんでとじる。オーブンシートを敷いた厚紙にとじ目を下にして並べ、乾いたふきんをかぶせ、室温で60分おく。
＊真夏は45分たったら冷蔵室に入れる

6 **焼く** 二次発酵が終わる20分以上前にオーブンに天板を2枚入れ、最高温度に予熱する。生地の表面に強力粉（分量外）を茶こしでふり、まん中に1本7〜8mm深さのクープを入れ、その部分に**C**のローズマリーとオイルを等分してたらす（**b**）。霧吹きで生地とオーブン内に水をかけ、下段の天板に生地をシートごとすべらせて入れ、上段の天板に熱湯80mlを注ぎ（やけどに注意）、180℃で8分（こちらはあればスチームモード）⇒上の天板をはずして230℃で12分ほど焼く。

a

b

Petit baguette with lemon

レモンプチバゲット

京都のベーカリーで食べたお気に入りのバゲットをアレンジしてみました。難易度高めのバゲットは、短めサイズにすることで生地がだれにくく、ぐっと作りやすく。レモンはできるだけ薄く切ると、皮の苦みが薄れて口あたりもよくなります。市販のレモンピールを使ってもＯＫです。

Petit baguette with bacon

ベーコンプチバゲット

皮までもちっとした、カリカリよりもややソフトなバゲットです。
ベーコンははみ出た部分を切って上に重ね、たっぷり入れます。
カリッとさせたい場合は、オーブントースターで焼くのもおすすめ。
仕上げのオリーブ油は、コクづけ＆クープを開きやすくする役割です。

Petit baguette with lemon

レモンプチバゲット

材料（18cm長さのもの２本分）

A 強力粉…130g
砂糖…3g
塩…3g

湯種
薄力粉…20g
熱湯…40g

B ドライイースト…小さじ¼（0.75g）
水…75g

【レモンの砂糖漬け】
レモン（ワックス不使用のもの）
…½個（60g）
砂糖…30g
はちみつ（あれば）…大さじ½

仕上げ用の砂糖…少々

作り方

1 **生地作り** ボウルに湯種の材料を順に入れ、ゴムベラで手早く30秒混ぜ、10分以上おいて粗熱をとる。**B**を量り入れて泡立て器で混ぜ、**A**を量り入れ、ゴムベラで均一になるまで２分混ぜる。ラップをかけ、室温で30分休ませる。

2 ぬらした手でボウルのまわりから生地をはがし、中心に折りたたむのを１周半くり返す。生地を裏返し、ラップをかけて室温で20分休ませる。

3 **一次発酵** 生地のボウルを冷蔵庫の野菜室に入れ、ひと晩（6時間）〜最長2日、2倍以上になるまで発酵させる。

4 **分割＆丸め** **ベンチタイム** 生地の表面に打ち粉（強力粉・分量外）をふって取り出し、打ち粉をふってカードで２分割し、ゆるく丸め、底は軽くとじる。乾いたふきんをかぶせ、室温で15分休ませる。＊1個あたり約134g

下準備

・レモンは縦４等分に切って3mm幅に切り、砂糖、はちみつを混ぜてひと晩以上漬ける。

5 **成形** **二次発酵** 打ち粉をふって生地を裏返し、手で押して12cm長さの横長のだ円にのばし、上半分に汁けをきったレモンの砂糖漬けの¼量をのせ（**a**）、上からひと巻きしてしっかりとじ込める（**b**）。まん中にレモンの砂糖漬けの¼量をのせ（**c**）、上から半分にたたんで上下の端を重ね（右ページ**C**参照）、とじ目をつまんでくっつける。手で転がして20cm長さにし、オーブンシートを敷いた厚紙にとじ目を下にして並べ、乾いたふきんをかぶせ、室温で45分おく。
＊真夏は30分たったら冷蔵室に入れる

6 **焼く** 二次発酵が終わる20分以上前にオーブンに天板を２枚入れ、最高温度に予熱する。生地の表面に強力粉（分量外）を茶こしでふり、逆Ｓの字にクープを入れ（**d**）、砂糖をふる。霧吹きで生地とオーブン内に水をかけ、下段の天板に生地をシートごとすべらせて入れ、上段の天板に熱湯80mlを注ぎ（やけどに注意）、180℃で8分（こちらはあればスチームモード）⇒上の天板をはずして230℃で14分ほど焼く。

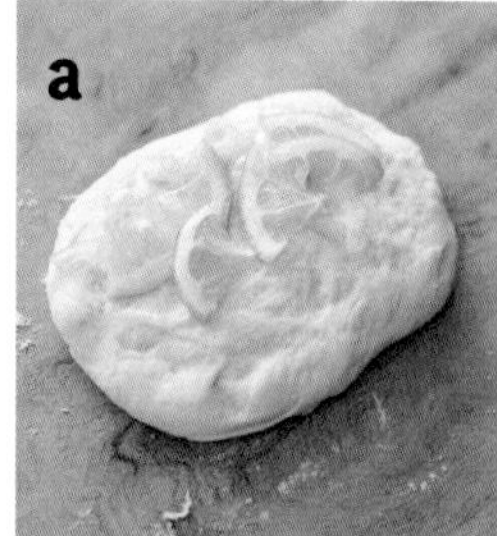
a

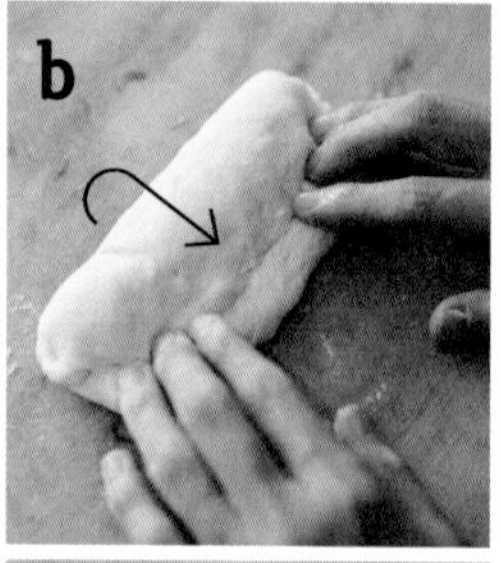
b

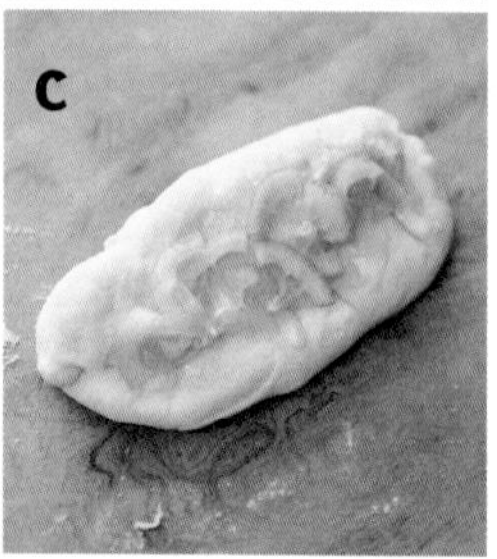
c

d

Petit baguette with bacon

ベーコンプチバゲット

材料（18cm長さのもの2本分）

A 強力粉…130g
砂糖…3g
塩…3g

湯種 薄力粉…20g
熱湯…40g

B ドライイースト…小さじ¼（0.75g）
水…75g

ベーコン…4枚
オリーブ油…小さじ½
岩塩（または粗塩）…少々

作り方

1 **生地作り**～**ベンチタイム** 「レモンプチバゲット」（左ページ）と同じ。

2 **成形** **二次発酵** 打ち粉をふって生地を裏返し、手で押して12cm長さの横長のだ円にのばし、上半分にベーコンを1枚のせ（はみ出たベーコンは切って重ねて・**a**）、上からひと巻きしてしっかりとじ込める（左ページ**b**参照）。まん中にベーコンを1枚のせ（はみ出たベーコンは切って重ねて・**b**）、上から半分にたたんで上下の端を重ね（**c**）、とじ目をつまんでくっつける。手で転がして20cm長さにし、オーブンシートを敷いた厚紙にとじ目を下にして並べ、乾いたふきんをかぶせ、室温で45分おく。
＊真夏は30分たったら冷蔵室に入れる

3 **焼く** 二次発酵が終わる20分以上前にオーブンに天板を2枚入れ、最高温度に予熱する。生地の表面に強力粉（分量外）を茶こしでふり、まん中に1本端から端までクープを入れ（**d**）、その部分にオリーブ油を等分してたらし、岩塩をふる。霧吹きで生地とオーブン内に水をかけ、下段の天板に生地をシートごとすべらせて入れ、上段の天板に熱湯80mlを注ぎ（やけどに注意）、180℃で8分（こちらはあればスチームモード）⇒上の天板をはずして230℃で14分ほど焼く。
＊ナイフは刃先を斜めに入れ、生地を削ぐように勢いよく引く
＊クープの手前側が奥になるようにオーブンに入れると、開きやすい

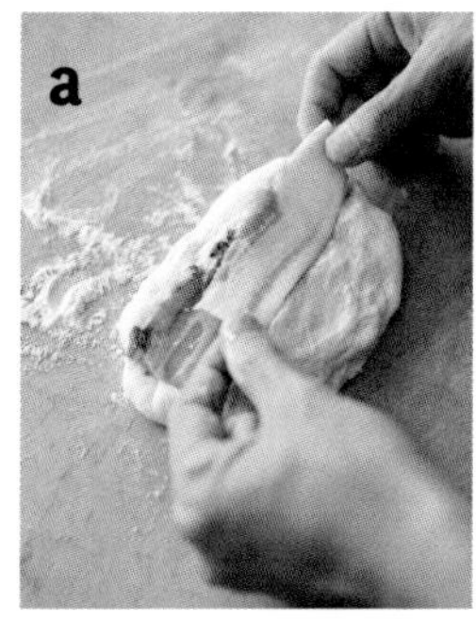
a

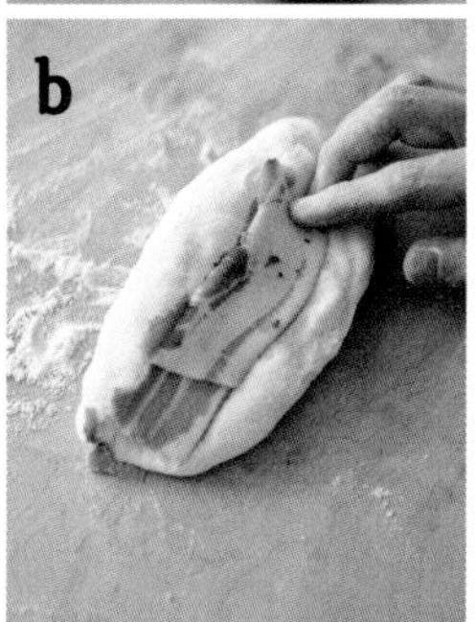
b

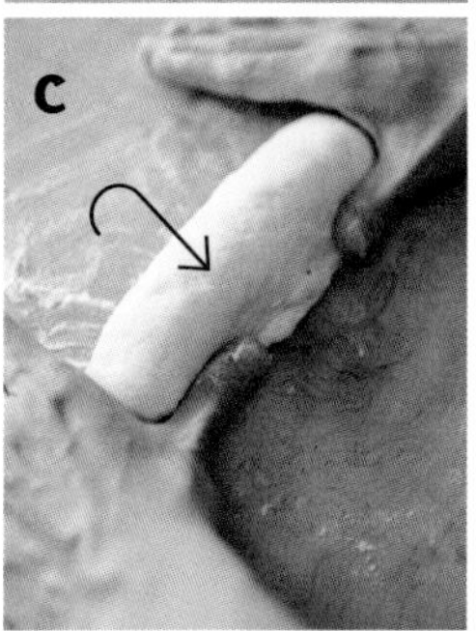
c

d

Apple, cream cheese & raisin bread

りんごクリームチーズ
レーズンパン

フルーツとチーズ、ドライフルーツを練り込んだ、ずんぐりとしたパン。
高加水の生地にりんごの甘煮を混ぜ込むと、ジューシーでしゅわっとした食感に。
丸みのある成形で、その生地感をたっぷり楽しみます。
ところどころに入ったクリームチーズの酸味、レーズンの食感がアクセントです。

材料（13cm長さのもの2個分）

A 強力粉…130g
砂糖…3g
塩…3g

湯種 薄力粉…20g
熱湯…40g

B ドライイースト…小さじ¼（0.75g）
水…80g

【りんごの甘煮】
りんご（紅玉など酸味のあるもの）…½個（140g）
砂糖…大さじ2
レモン汁…大さじ½
レーズン…20g

クリームチーズ（1.5cm角に切る）…30g

作り方

1 **りんごの甘煮作り** りんごは皮ごと1cm幅のいちょう切りにし、耐熱ボウルに砂糖、レモン汁とともに入れ、ラップをふんわりかけて電子レンジで3分加熱して混ぜる。ラップをはずしてさらに1分加熱し、レーズンを混ぜ、粗熱をとる。

2 **生地作り** ボウルに湯種の材料を順に入れ、ゴムベラで手早く30秒混ぜ、10分以上おいて粗熱をとる。**B**を量り入れて泡立て器で混ぜ、**A**を量り入れ、ゴムベラで均一になるまで2分混ぜる。汁けをきった**1**を加えて全体に混ぜ、ラップをかけて室温で30分休ませる。

3 ぬらした手でボウルのまわりから生地をはがし、中心に折りたたむのを1周半くり返す。生地を裏返し、ラップをかけて室温で20分休ませる。

4 **一次発酵** 生地のボウルを冷蔵庫の野菜室に入れ、ひと晩（6時間）〜最長2日、2倍以上になるまで発酵させる。

5 **分割&丸め** **ベンチタイム** 生地の表面に打ち粉（強力粉・分量外）をふって取り出し、打ち粉をふってカードで2分割し、ゆるく丸め、底は軽くとじる。乾いたふきんをかぶせ、室温で15分休ませる。
＊1個あたり約197g

6 **成形** **二次発酵** 打ち粉をふって生地を裏返し、手で押して縦13×横10cmのだ円にのばし（外側に具材が出ていたら、こげるので内側に入れる）、上とまん中にチーズを¼量ずつのせ（**a**）、上からひと巻きしてしっかりとじ込める（**b**）。そのままくるくる巻き、とじ目をつまんでくっつけ、13cm長さのなまこ形にする。オーブンシートを敷いた厚紙にとじ目を下にして並べ、乾いたふきんをかぶせ、室温で60分おく。
＊真夏は45分たったら冷蔵室に入れる

7 **焼く** 二次発酵が終わる20分以上前にオーブンに天板を2枚入れ、最高温度に予熱する。生地の表面に強力粉（分量外）を茶こしでふり、まん中に1本端から端までクープを入れ（**c**）、霧吹きで生地とオーブン内に水をかける。下段の天板に生地をシートごとすべらせて入れ、上段の天板に熱湯80mlを注ぎ（やけどに注意）、180℃で8分（こちらはあればスチームモード）⇒上の天板をはずして230℃で15分ほど焼く。

a

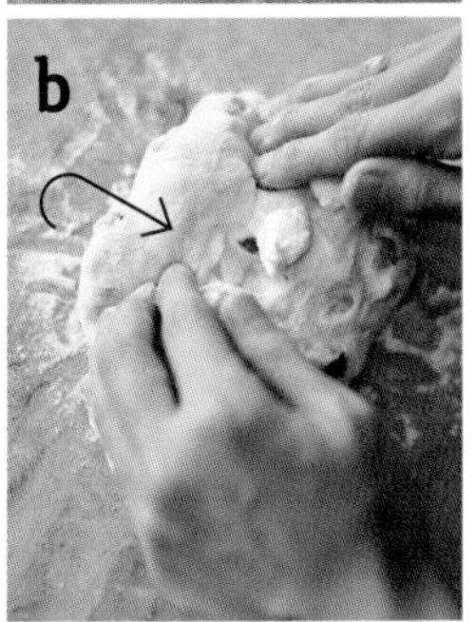
b

c

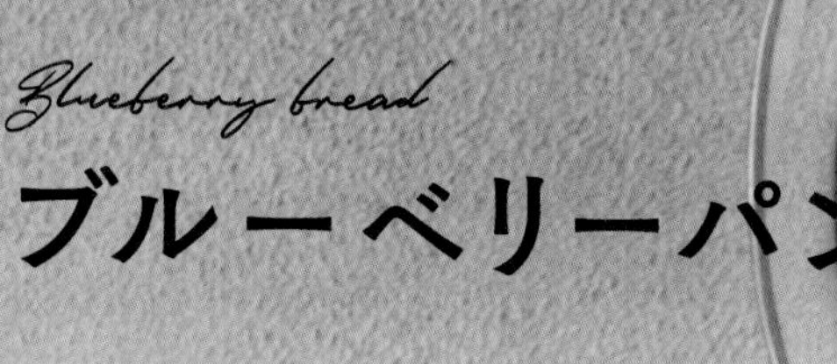

Blueberry bread

ブルーベリーパン

フレッシュなブルーベリーをつぶして
水分とした生地は、鮮やかなベリー色。
甘みが凝縮したドライブルーベリーも加え、
ベリー感を存分に楽しめるパンです。

Sesame & sweet potato bread

ごまさつまいもパン

さつまいもの甘みに、香ばしいごまを
合わせた素朴な味わい。バターは生地に
混ぜ込まず、あとから巻き込むことで、
濃厚なバターの香りが楽しめます。

Oatmeal bread

オートミールパン

ざくざくの印象が強いオートミールですが、湯種にして加えれば、
よりなじんで食べやすいパンに。食物繊維が豊富なのもうれしい。
生地には砂糖のかわりにはちみつを使い、しっとりと仕上げました。
大きく1本で作り、斜めにクープを入れてカッコよく焼き上げます。

Blueberry bread

ブルーベリーパン

材料（12cm長さのもの2個分）

A 強力粉…130g
砂糖…15g
塩…3g

湯種 薄力粉…20g
熱湯…40g

B ドライイースト…小さじ¼（0.75g）
ブルーベリー（冷凍）…70g
水…25g

ドライブルーベリー…45g

下準備

- 冷凍ブルーベリーは解凍し、水と合わせて1粒ずつ手でつぶし、ブルーベリー水を作る。
- ドライブルーベリーは熱湯にさっとつけ、水けをふく。

作り方

1 **生地作り**〜**ベンチタイム** 「りんごクリームチーズレーズンパン」（67ページ）と同じ。生地作りの最後にドライブルーベリーを加えて混ぜる。
＊1個あたり約166g

2 **成形** **二次発酵** 打ち粉をふって生地を裏返し、手で押して縦12×横9cmのだ円にのばし、上からくるくる巻いてとじ目をつまんでくっつけ、11cm長さのなまこ形にする。オーブンシートを敷いた厚紙にとじ目を下にして並べ、乾いたふきんをかぶせ、室温で60分おく。
＊真夏は45分たったら冷蔵室に入れる

3 **焼く** 二次発酵が終わる20分以上前にオーブンに天板を2枚入れ、最高温度に予熱する。生地の表面に強力粉（分量外）を茶こしでふり、まん中に1本端から端までクープを入れ、霧吹きで生地とオーブン内に水をかける。下段の天板に生地をシートごとすべらせて入れ、上段の天板に熱湯80mlを注ぎ（やけどに注意）、180℃で8分（こちらはあればスチームモード）⇒上の天板をはずして220℃で14分ほど焼く。

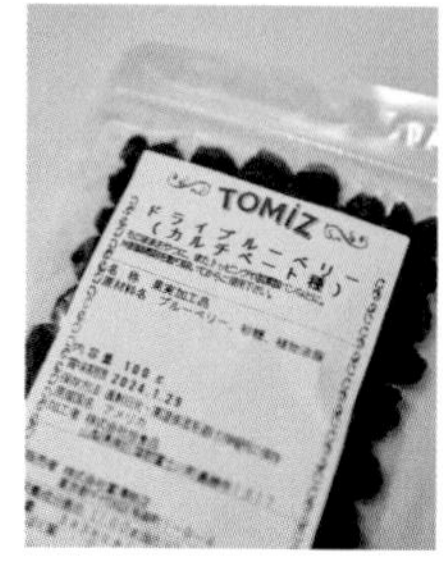

フレッシュなブルーベリーを乾燥させたドライブルーベリーは、甘みが凝縮していて栄養も豊富。パン生地によく合い、ベーグルに入れるのもおすすめ。（富）⇒入手先は88ページ

Sesame & sweet potato bread

ごまさつまいもパン

材料（13cm長さのもの2個分）

A 強力粉…130g
砂糖…3g
塩…3g
白いりごま…20g

湯種 薄力粉…20g
熱湯…40g

B ドライイースト…小さじ¼（0.75g）
水…80g

【さつまいもの甘煮】
さつまいも…½本（正味100g）
砂糖…25g
水…50g

巻き込み用のバター（食塩不使用）…15g

作り方

1 **さつまいもの甘煮作り** さつまいもは皮をむいて1cm角に切り、水にさらして水けをきり、耐熱ボウルに残りの材料とともに入れ、ラップをふんわりかけて電子レンジで3分加熱し、粗熱をとる。

2 **生地作り**〜**焼く** 「りんごクリームチーズレーズンパン」（67ページ）と同じ。生地作りの最後に、汁けをきった**1**を加えて混ぜる。成形でチーズのかわりに半量ずつ細長く切ったバターを上のほうにのせて巻く。
＊1個あたり約196g

Oatmeal bread

オートミールパン

材料（16cm長さのもの1本分）

A 強力粉…110g
はちみつ（または砂糖）…10g
塩…3g

湯種 オートミール…40g
熱湯…80g

B ドライイースト…小さじ¼（0.75g）
水…50g

「燕麦（えんばく）」や「オーツ麦」と呼ばれる穀物を食べやすく加工したオートミールは、食物繊維が豊富。細かいタイプ（クイックオーツ）を使用。（富）⇒入手先は88ページ

作り方

1 **生地作り** ボウルに湯種の材料を順に入れ、ゴムベラで手早く30秒混ぜ、10分以上おいて粗熱をとる（**a**）。**B**を量り入れて泡立て器で混ぜ、**A**を量り入れ、ゴムベラで均一になるまで2分混ぜる。ラップをかけ、室温で30分休ませる。

2 ぬらした手でボウルのまわりから生地をはがし、中心に折りたたむのを1周半くり返す。生地を裏返し、ラップをかけて室温で20分休ませる。

3 **一次発酵** 生地のボウルを冷蔵庫の野菜室に入れ、ひと晩（6時間）〜最長2日、2倍以上になるまで発酵させる。

4 **丸め** **ベンチタイム** 生地の表面に打ち粉（強力粉・分量外）をふって取り出し、ゆるく丸め、底は軽くとじる。乾いたふきんをかぶせ、室温で15分休ませる。

5 **成形** **二次発酵** 打ち粉をふって生地を裏返し、手で押して縦15×横11cmのだ円にのばし、上からくるくる巻いてとじ目をつまんでくっつけ、15cm長さのなまこ形にする。オーブンシートを敷いた厚紙にとじ目を下にして並べ、乾いたふきんをかぶせ、室温で60分おく。
＊真夏は45分たったら冷蔵室に入れる

6 **焼く** 二次発酵が終わる20分以上前にオーブンに天板を2枚入れ、最高温度に予熱する。生地の表面に強力粉（分量外）を茶こしでふり、1cm間隔のクープを斜めに7本入れ、霧吹きで生地とオーブン内に水をかける。下段の天板に生地をシートごとすべらせて入れ、上段の天板に熱湯80mlを注ぎ（やけどに注意）、180℃で8分（こちらはあればスチームモード）⇒上の天板をはずして230℃で17分ほど焼く。

Bâton with fig & blue cheese

いちじくブルーチーズバトン

バトンはフランス語で「杖」の意味。
丸めやベンチタイムは不要のパンです。
細長くねじった生地は戻りやすいので、
焼く直前に再度整えて。ブルーチーズの塩けと、
甘酸っぱいいちじくがワインにも合います。

Bâton with cheese & seven flavor chili pepper

チーズ七味バトン

こちらもおつまみにぴったりのバトン。
たっぷりの七味を入れた辛口の味が、
くせになります。かなり辛めなので、
苦手な方は量を減らしてください。

いちじくブルーチーズバトン

材料（18cm長さのもの5本分）

A 強力粉…130g
砂糖…10g
塩…3g

湯種 全粒粉…20g
熱湯…40g

B ドライイースト…小さじ¼（0.75g）
水…80g

C ドライいちじく…20g
ブルーチーズ…20g
アーモンド（ホール）…20g

下準備

・アーモンドは170℃のオーブンで7分から焼きする。
・ドライいちじくとブルーチーズは、1.5cm角に切る。

作り方

1 **生地作り** ボウルに湯種の材料を順に入れ、ゴムベラで手早く30秒混ぜ、10分以上おいて粗熱をとる。**B**を量り入れて泡立て器で混ぜ、**A**を量り入れ、ゴムベラで均一になるまで2分混ぜる。ラップをかけ、室温で30分休ませる。

2 ぬらした手でボウルのまわりから生地をはがし、中心に折りたたむのを1周半くり返す。生地を裏返し、ラップをかけて室温で20分休ませる。

3 **一次発酵** 生地のボウルを冷蔵庫の野菜室に入れ、ひと晩（6時間）〜最長2日、2倍以上になるまで発酵させる。

4 **成形** **二次発酵** 生地の表面に打ち粉（強力粉・分量外）をふって取り出し、打ち粉をふってめん棒で縦25×横15cmにのばし、下半分に**C**をのせ（**a**）、半分に折りたたむ。打ち粉をふってめん棒で厚みを均一にし、カードで縦に5等分し（**b**）、1本ずつねじって18cm長さにする（**c**）。オーブンシートを敷いた天板に並べ、乾いたふきんをかぶせ、室温で50分おく。

＊1個あたりのg数は量らなくてOK
＊生地がのびにくい時は、少し休ませるといい

5 **焼く** 二次発酵が終わる20分以上前にオーブンの上段に天板を1枚入れ、最高温度に予熱する。生地が戻っていたら再びねじり、霧吹きで生地とオーブン内に水をかけ、オーブンの下段に入れる。上段の天板に熱湯80mlを注ぎ（やけどに注意）、180℃で8分（こちらはあればスチームモード）⇒上の天板をはずして220℃で8分ほど焼く。

a

b

c

チーズ七味バトン

材料（18cm長さのもの5本分）

A
湯種 上と同じ
B

パルメザンチーズ…生地用大さじ3＋トッピング用大さじ1
七味唐辛子…生地用小さじ⅓＋トッピング用小さじ⅓

作り方

1 上と同じ。成形時に霧吹きで水をかけ（チーズをつきやすくするため）、下半分に生地用のチーズと七味を混ぜてのせ、焼く前にも霧吹きで水をかけ、トッピング用のチーズと七味を混ぜてふって焼く。

column

Pain de campagne with staub

ストウブで焼くカンパーニュ

密閉性が高いストウブ鍋は、カンパーニュ作りにぴったり。
ふたをして焼くことで、生地の水蒸気が表面を湿らせて焼き固まるのを防ぎ、
釜伸びして、クープも開きやすくなります。最後にふたをはずし、焼き色をつけます。

材料 （直径13cmのもの1個分）＊直径18cmのストウブ1台分

A 強力粉…130g
薄力粉…70g
砂糖…5g
塩…5g

湯種 全粒粉…30g
熱湯…60g

B ドライイースト…小さじ1/4（0.75g）
水…130g

作り方

1 **生地作り** ～ **ベンチタイム** 「米粉入りカンパーニュ」（57ページ）と同じ。

2 **成形** **二次発酵** 打ち粉をふって生地を裏返し、手で押して平らにしてから再び57ページの**a**、**b**をくり返して丸め直し、底はつまんでとじる。オーブンシートを25cm角に切り、角から12cm長さの切り込みを入れ（**a**）、直径18cmのボウルに敷く。とじ目を下にして生地を入れ（**b**）、はみ出たシートは切り取り、乾いたふきんをかぶせ、室温で60分おく。
＊真夏は45分たったら冷蔵室に入れる

3 **焼く** 二次発酵が終わる20分以上前に、ふたをしたストウブ鍋を天板にのせてオーブンに入れ、最高温度に予熱する（**c**）。生地に強力粉（分量外）を茶こしでふり、端から端まで十字にクープを入れ（**d**）、鍋を取り出して生地をシートごと移し（**e**・やけどに注意）、ふたをして（熱いので注意）オーブンに入れる。250℃で20分⇒ふたをはずして230℃で20分ほど焼く。鍋から出して冷ます。

		直径20cmのストウブ	直径22cmのストウブ
A	強力粉	170g	200g
	薄力粉	90g	100g
	砂糖	6g	7g
	塩	6g	7g
湯種	全粒粉	40g	45g
	熱湯	80g	90g
B	ドライイースト	小さじ1/3(1g)	小さじ1/3(1g)
	水	170g	195g
焼き時間		250℃22分⇒ふたをはずして230℃22分	250℃22分⇒ふたをはずして230℃25分

＊二次発酵には、それぞれの鍋と同サイズのボウルを使って

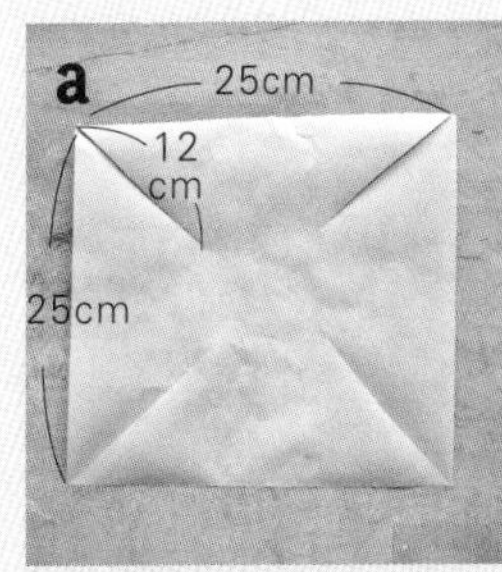

a

b

c

d

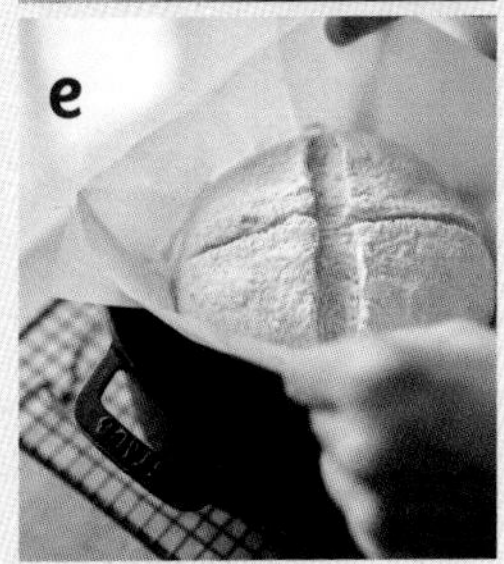
e

PART 4

バットで作る もちもちちぎりパン

生地を小さく丸め、お行儀よくバットに並べて焼いたかわいいパン。
ひと切れずつちぎって、気軽にパクパク食べられるのも楽しいです。
バットで焼くことで、横と底からは直火があたらず、焼き上がりはしっとり。
粉の量が多いので、ボウルはひと回り大きい直径21cmのものを使います。
シナモンロールやフロランタン風のほか、韓国で人気のパンも登場します。

Plain pull apart bread

プレーンちぎりパン

整列したプチサイズの12個のパンが、とびきりかわいい表情です。
はちみつの保水効果で、よりしっとり、もっちりとした食感になり、
牛乳とバターが入ったリッチな生地だから、そのまま食べてもおいしい。
丸めるのが手間なら、2×3列の6分割にしても同じ焼き時間で作れます。

Plain pull apart bread

プレーン ちぎりパン

バットはキャビネサイズ（20.5×16×深さ3cm）のホーロー製のものを使用。近い大きさのものなら、オーブン使用可能なステンレス製でもOK。

材料

（20.5×16×深さ3cmのバット1枚分）

A
- 強力粉…160g
- はちみつ（または砂糖）…15g
- 塩…4g

湯種
- 薄力粉…40g
- 熱湯…80g

B
- ドライイースト…小さじ⅔（2g）
- 牛乳…50g
- 水…40g*
- バター（食塩不使用）…10g

ツヤ出し用の牛乳…適量

*夏は冷蔵室で冷やし、冬は30℃（ぬるま湯くらい）に温めて。詳しくは14ページ参照

下準備

- ボウル（直径21cm）に湯種の材料を順に入れ、ゴムベラで手早く30秒混ぜ、10分以上おいて粗熱をとる（10ページ参照）。
- バターは電子レンジで40秒加熱して溶かし、粗熱をとる。

1 生地作り

湯種のボウルに**B**を量り入れ、泡立て器で大きなかたまりがなくなるまで混ぜ、**A**を量り入れ、ゴムベラで均一になるまで2分混ぜる。

→

ラップをかけ、室温で30分休ませる。

→

水でぬらした手で、ボウルのまわりから生地をはがし、

中心に向かって折りたたむのを1周半くり返す（パンチ）。生地を裏返し、ラップをかけて室温で20分休ませる。

2 一次発酵

→

生地のふちにテープなどで印をつけ、冷蔵庫の野菜室でひと晩（6時間）～最長2日発酵させる。

→

生地の高さが2倍以上になればOK。

*2倍になっていなければ、室温で2倍以上になるまで待つ

3 分割&丸め

生地の表面に打ち粉（強力粉・分量外）をふり、カードを1周差し込んではがし、ボウルを返して取り出す。カードで12分割する。

＊1個あたり約32g

→

手に打ち粉をつけ、手で押して平らにして中の空気を抜き、

→

表面を張らせるようにして丸め、

底はつまんで軽くとじる。

→

4 ベンチタイム

台にのせ、乾いたふきんをかぶせ、室温で10分休ませる。

→

5 成形

打ち粉をふり、生地の表面を張らせるようにして丸め直し、底はつまんでしっかりとじる。

6 二次発酵

オーブンシートを敷いたバットにとじ目を下にして3×4列に並べ、天板にのせ、オーブンの発酵機能35℃で60分発酵させる。

＊または乾いたふきんをかけ、室温でひと回り大きくなるまで発酵させる

→

ひと回り大きくなればOK。オーブンを180℃に温める。

→

7 焼く

表面に牛乳をはけで塗り、180℃のオーブンでこんがり焼き色がつくまで18分ほど焼く。粗熱がとれたら、バットから出して冷ます。

Coffee & cinnamon roll

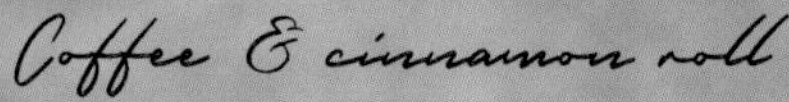

コーヒーシナモンロール

ほろ苦いコーヒーを生地に混ぜた、大人っぽいシナモンロールです。
コーヒーは冷たい液体に溶けやすいものを使用しましたが、
溶けにくければ温めた牛乳に溶かし、冷まして使ってください。
アーモンドのかわりに、ラムレーズンを合わせても美味です。

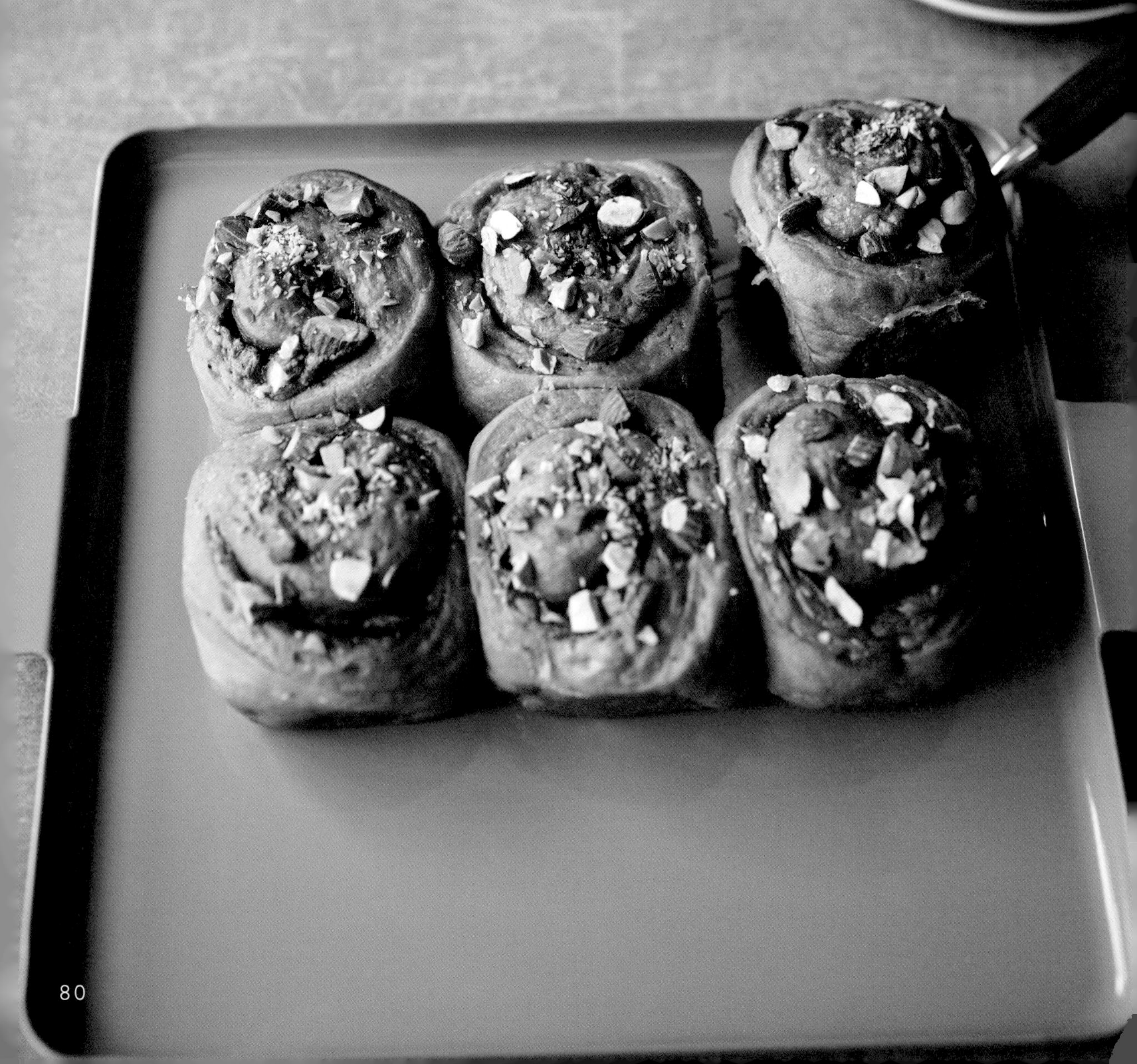

材料（20.5×16×深さ3cmのバット1枚分）

A
- 強力粉…160g
- 砂糖…20g
- 塩…4g

湯種
- 薄力粉…40g
- 熱湯…80g

B
- ドライイースト…小さじ⅔（2g）
- 牛乳…85g
- インスタントコーヒー（顆粒のもの）…4g
- バター（食塩不使用）…15g

【シナモンシュガー】
- 砂糖…35g
- シナモンパウダー…小さじ½

アーモンド（ホール）…30g
ツヤ出し用の牛乳…適量

下準備

- バターは電子レンジで40秒加熱して溶かし、粗熱をとる。
- アーモンドは170℃のオーブンで7分から焼きし、粗く刻む。

作り方

1 **生地作り** ボウルに湯種の材料を順に入れ、ゴムベラで手早く30秒混ぜ、10分以上おいて粗熱をとる。**B**を量り入れて泡立て器で混ぜ、**A**を量り入れ、ゴムベラで均一になるまで2分混ぜる。ラップをかけ、室温で30分休ませる。

2 ぬらした手でボウルのまわりから生地をはがし、中心に折りたたむのを1周半くり返す。生地を裏返し、ラップをかけて室温で20分休ませる。

3 **一次発酵** 生地のボウルを冷蔵庫の野菜室に入れ、ひと晩（6時間）〜最長2日、2倍以上になるまで発酵させる。

4 **丸め** **ベンチタイム** 生地の表面に打ち粉（強力粉・分量外）をふって取り出し、表面を張らせるようにして丸め、底は軽くとじる。乾いたふきんをかぶせ、室温で15分休ませる。

5 **成形** **二次発酵** 打ち粉をふってめん棒で横24×縦20cmにのばし、霧吹きで水をかけ（シナモンシュガーをつきやすくするため）、下を2cmあけて混ぜたシナモンシュガー、アーモンドの⅔量をのせる（**a**）。上からゆるめにくるくる巻き（**b**）、巻き終わりをつまんでくっつけ、カードで6等分する。オーブンシートを敷いたバットに断面を上にして2×3列に並べ、手で軽く押して平らにし（**c**）、オーブンの発酵機能35℃で60分発酵させる。
＊または乾いたふきんをかけ、室温でひと回り大きくなるまで発酵させる

6 **焼く** 表面に牛乳をはけで塗り、残りのアーモンドを散らし、180℃に温めたオーブンで18分ほど焼く。

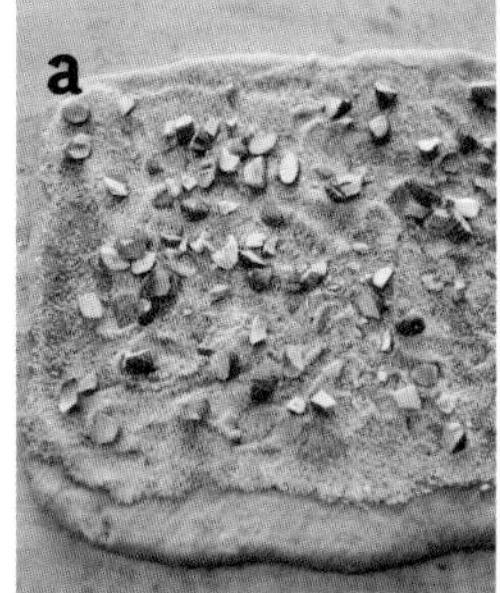
a

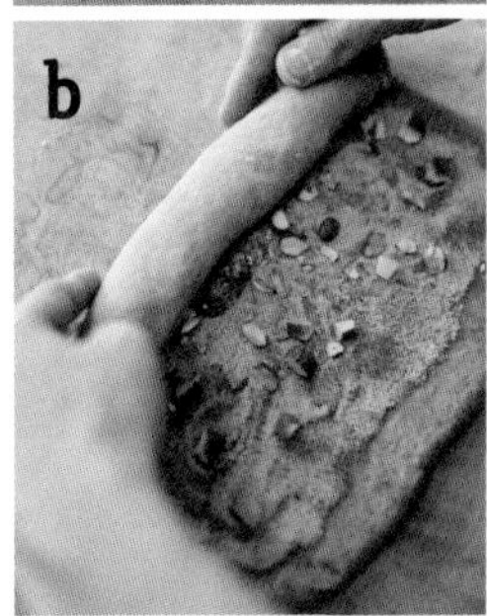
b

c

Garlic butter & cream cheese roll

マヌルパン

韓国で人気のガーリックバター＆甘いチーズフィリングのパンを、
甘さをやや控えめにして、食べやすくアレンジしました。
プレーンなパンを作ったら、ガーリックバターとクリームチーズをのせて焼いて。
バットで作ると、流れたガーリックバターもムダになりません。

材料（20.5×16×深さ3cmのバット1枚分）

A
- 強力粉…160g
- 砂糖…4g
- 塩…4g

湯種
- 薄力粉…40g
- 熱湯…80g

B
- ドライイースト…小さじ2/3（2g）
- 水…80g
- 米油…10g

【ガーリックバター】
- バター（食塩不使用）…50g
- 卵…1個（50g）
- にんにく（すりおろす）…1かけ
- パセリ（ドライ）…小さじ1
- 塩…小さじ1/3

【チーズフィリング】
- クリームチーズ…40g
- 砂糖…10g

作り方

1 **生地作り** ボウルに湯種の材料を順に入れ、ゴムベラで手早く30秒混ぜ、10分以上おいて粗熱をとる。**B**を量り入れて泡立て器で混ぜ、**A**を量り入れ、ゴムベラで均一になるまで2分混ぜる。ラップをかけ、室温で30分休ませる。

2 ぬらした手でボウルのまわりから生地をはがし、中心に折りたたむのを1周半くり返す。生地を裏返し、ラップをかけて室温で20分休ませる。

3 **一次発酵** 生地のボウルを冷蔵庫の野菜室に入れ、ひと晩（6時間）〜最長2日、2倍以上になるまで発酵させる。

4 **分割&丸め** **ベンチタイム** 生地の表面に打ち粉（強力粉・分量外）をふって取り出し、カードで6分割し、表面を張らせるようにして丸め、底は軽くとじる。乾いたふきんをかぶせ、室温で10分休ませる。
＊1個あたり約61g

5 **成形** **二次発酵** 打ち粉をふり、生地の表面を張らせるようにして丸め直し、底はつまんでとじる。オーブンシートを敷いたバットにとじ目を下にして2×3列に並べ、オーブンの発酵機能35℃で60分発酵させる。
＊または乾いたふきんをかけ、室温でひと回り大きくなるまで発酵させる

6 **焼く** 180℃に温めたオーブンで16分ほど焼く。粗熱がとれたら、シートごと出して冷ます。

7 **ガーリックバター作り** **焼く** 耐熱ボウルにバターを入れ、電子レンジで40秒加熱して溶かし、冷めたら残りの材料を加えて混ぜる。パンにそれぞれナイフで十字に深く切り込みを入れ、シートごとバットに戻し、切り込みの中にガーリックバターの半量を等分してかけ（**a**）、混ぜたチーズフィリングをまん中に等分して入れる（**b**）。残りのガーリックバターを回しかけ、220℃に温めたオーブンで8分ほど焼く。

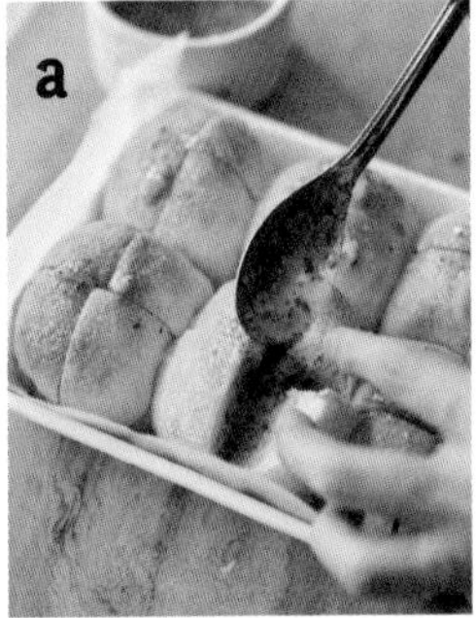
a

b

Florentin bread

フロランタンパン

キャラメルでコーティングしたアーモンドをのせて作る、フランス菓子をアレンジ。
もちっとしたパン生地をクッキー生地のかわりに敷いた、おやつにぴったりのパンです。
フィリングは冷めると固まるので、温かいうちに流し入れて。
熱で生地の酵母が働かなくなるから、すぐにオーブンに入れて焼いてください。

材料（20.5×16×深さ3cmのバット1枚分）

A 強力粉…120g
砂糖…15g
塩…3g

湯種
薄力粉…30g
熱湯…60g

B ドライイースト…小さじ½（1.5g）
牛乳…70g
バター（食塩不使用）…10g

【アーモンドフィリング】
アーモンドスライス…60g
はちみつ…35g
生クリーム…35g
バター（食塩不使用）…30g
砂糖…30g

下準備

・生地用のバターは電子レンジで40秒加熱して溶かし、粗熱をとる。
・アーモンドは170℃のオーブンで5分から焼きする。

作り方

1 **生地作り** ボウルに湯種の材料を順に入れ、ゴムベラで手早く30秒混ぜ、10分以上おいて粗熱をとる。**B**を量り入れて泡立て器で混ぜ、**A**を量り入れ、ゴムベラで均一になるまで2分混ぜる。ラップをかけ、室温で30分休ませる。

2 ぬらした手でボウルのまわりから生地をはがし、中心に折りたたむのを1周半くり返す。生地を裏返し、ラップをかけて室温で20分休ませる。

3 **一次発酵** 生地のボウルを冷蔵庫の野菜室に入れ、ひと晩（6時間）〜最長2日、2倍以上になるまで発酵させる。

4 **丸め** **ベンチタイム** 生地の表面に打ち粉（強力粉・分量外）をふって取り出し、表面を張らせるようにして丸め、底は軽くとじる。乾いたふきんをかぶせ、室温で10分休ませる。

5 **成形** **二次発酵** 打ち粉をふり、生地を手で押してバットくらいの大きさにのばし、オーブンシートを敷いたバットに入れ、底を押しながら薄くしてふちを2cm高くする（**a**）。オーブンの発酵機能35℃で60分発酵させる。
＊または乾いたふきんをかけ、室温でひと回り大きくなるまで発酵させる

6 **アーモンドフィリング作り** オーブンを180℃に温める。小鍋にアーモンド以外の材料を入れて火にかけ、煮立ったら弱火で時々混ぜながら少し茶色くなるまで煮詰め、アーモンドを加えてゴムベラで混ぜる。

7 **焼く** 生地の底を再び押して平たくし、**6**を温かいうちに流して平らにならし（**b**）、すぐに180℃に温めたオーブンに入れて20分ほど焼く。冷めたら好みの大きさに切り分ける。

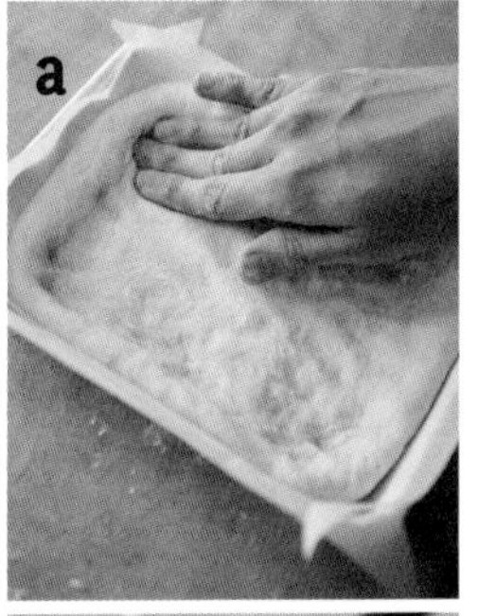
a

b

column

材料について

この本で使っている材料をご紹介します。メインの粉のほか、塩の風味も大切なので、ぜひ好みのものを見つけてください。

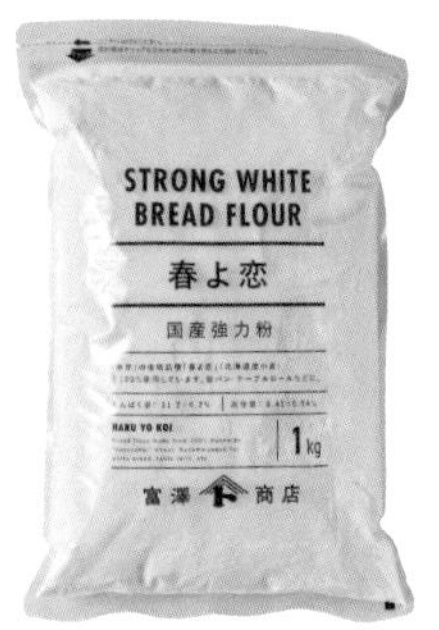

強力粉

パンの味の決め手となる主材料なので、ぜひおいしいものを選んで。北海道産小麦の「春よ恋」は水分をよく吸う粉で、生地が扱いやすくなり、よりもっちりとしたパンに。このほか、「はるゆたかブレンド」もおすすめです。「春よ恋」★

薄力粉

北海道産小麦の「ドルチェ」は風味がよく、しっとりと扱いやすい粉。ハード系パン、ちぎりパンは、薄力粉で湯種を作ることでさくっと歯切れのいい焼き上がりになります。「ドルチェ　江別製粉」★

ドライイースト

スーパーでも購入できる、予備発酵不要のインスタントドライイーストを使用。フランス・サフ社の赤ラベルを使っています。開封後は冷蔵室で保存し、3か月以内に使いきれない時は冷凍保存を。「サフ（赤）インスタントドライイースト」★

砂糖

ごく一般的な上白糖を使っています。きび砂糖や三温糖、グラニュー糖など、好みの砂糖を使っていただいてOK。どんな砂糖を選んでも、分量は同じで大丈夫です。

塩

精製されていない、うまみが感じられるフランスの海塩「ゲランドの塩」を使っています。溶けやすい微粒を使っていますが、顆粒でもOK。粉と同様に塩もパンの味の決め手となるので、ぜひおいしいものを選んで。「ゲランドの塩　微粒」★

水

水道水を浄水器にかけたものを使用。市販のミネラルウオーターを使うなら、日本の水道水に近い軟水を。硬度の高い水、アルカリイオン水は、発酵がスムーズにいかなかったり、生地がしまりすぎることがあるので避けてください。

牛乳

成分無調整のものを使っています。豆乳なら調整・成分無調整のどちらでも同様に作れますが、生地のふくらみがやや悪くなり、風味も少し変わってきます。

油

生地に少量加えることで、しっとりやわらかいパンになります。選ぶポイントは、無味無臭のもの。私は米油を使っていますが、くせのない太白ごま油、菜種油でもOKです。「こめしぼり」★

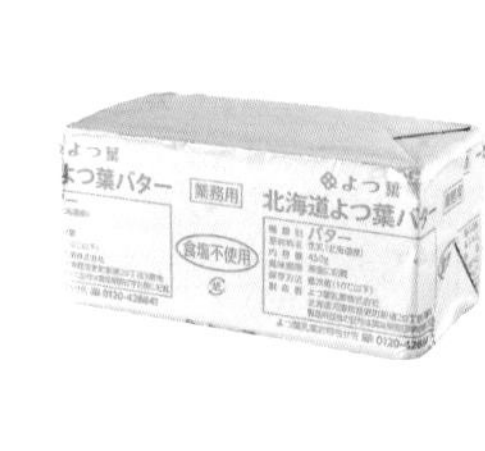

バター

もちもちパン、ちぎりパンの生地に溶かして加え、バター風味のパンにしたり、生地にそのまま巻き込んで、バターのコクを出したりします。食塩不使用のものを使っています。

はちみつ

保水性があり、生地をしっとりさせる効果があります。くせのない味わいのものがおすすめ。1歳未満のお子さんには、同量の砂糖で代用してください。

column

道具について

思い立ったらすぐ作れるよう、なじみのあるものばかりです。
最近は100円ショップ等、手頃な価格の道具もふえてきました。

ボウル

生地を混ぜたり、発酵させる時には、直径18cm（粉の量が多いちぎりパンのみ21cm）の耐熱ガラス製を使用。材質はガラスでなくてもいいですが、透明だと生地の発酵状態がひと目でわかって便利です。

ゴムベラ

粉と熱湯を手早く混ぜて湯種を作ったり、粉を加えたあと生地を均一に混ぜる時に使います。高加水パンは生地の水分量が多めなので、混ぜる時はカードよりもゴムベラが最適。コシがあるタイプがおすすめです。

泡立て器

湯種にドライイーストと水などを加え、混ぜる時に使います。湯種の大きなかたまりがなくなればいいので、どんなものでも大丈夫。1分ほど混ぜればOKです。

カード

パン作りに欠かせない道具。上の曲線部分で生地をボウルから取り出したり、下の直線部分は、台についた生地をこそげとったり、分割に使用。直径18cmのボウルの場合、12cm長さのものがぴったりサイズ。ややかためのタイプが使いやすいです。

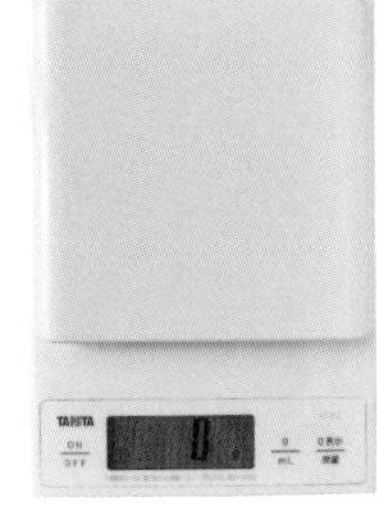

スケール

デジタル式の0.1g単位のものがベストですが、小数点以下のgになっているドライイーストは、かわりに小さじで計量できるので、1g単位でもOK。ボウルに材料を順に加えながら、そのつど0に戻せば、ラクに計量できます。

めん棒

生地をのばす時など、成形で使います。私は木製の30cm長さのものを使用。100円ショップのものでも大丈夫で、少し太めのほうが手になじんで使いやすいです。

茶こし

生地に打ち粉をふる時に使用。めん棒で生地をのばす時、クープを入れる時には、必ず打ち粉をふります。全体に均一にかけることができるので、1つあると便利。100円ショップのもので十分です。

クープナイフ

ハード系のパンに切り込み（クープ）を入れることで、蒸気を逃がして均一にふくらませたり、飾りにしたりします。かわりに、よく切れるペティナイフ、安全ガードのついていない顔用のかみそりで代用しても。

霧吹き

ハード系のパンを焼く時に、生地の表面とオーブン内に霧を吹き、ふくらみよく、パリッと焼き上げます。細かい霧が出るものがおすすめで、園芸用でもOK。最近では、100円ショップにも細かいものがあります。

★の入手先は（富）⇒詳しくは88ページ

池田愛実（いけだ　まなみ）

1988年、神奈川県藤沢市生まれ。女の子と男の子の子ども2人のママ。慶應義塾大学文学部卒業。大学在学中にル・コルドン・ブルー東京校パン科に通いはじめ、卒業後は同校のアシスタントを務める。26歳の時に渡仏し、現地のM.O.F.（フランス国家最優秀職人賞）のブーランジェリー2軒で経験を積み、帰国後は都内レストランのパンのレシピ監修・製造・販売に携わる。2017年から地元・湘南でフランスパンと暮らす教室「crumb-クラム」を主宰。現在は、オンラインを中心にパン教室を開催している。著書に『こねずに作れるベーカリーパン』（小社刊）、『シンプルな生地でいろいろ作れる米粉パン』（文化出版局）、『ストウブでパンを焼く』（誠文堂新光社）など。

https://www.ikeda-manami.com/
Instagram：@crumb.pain

こねずに作れる もちもちベーカリーパン

著　者／池田愛実
編集人／足立昭子
発行人／倉次辰男
発行所／株式会社主婦と生活社
〒104-8357　東京都中央区京橋3-5-7
☎03-3563-5321（編集部）
☎03-3563-5121（販売部）
☎03-3563-5125（生産部）
https://www.shufu.co.jp
ryourinohon@mb.shufu.co.jp
印刷所／凸版印刷株式会社
製本所／株式会社若林製本工場
ISBN978-4-391-16004-8

落丁・乱丁の場合はお取り替えいたします。お買い求めの書店か、小社生産部までお申し出ください。
Ⓡ本書を無断で複写複製（電子化を含む）することは、著作権法上の例外を除き、禁じられています。本書をコピーされる場合は、事前に日本複製権センター（JRRC）の許諾を受けてください。
また、本書を代行業者等の第三者に依頼してスキャンやデジタル化をすることは、たとえ個人や家庭内の利用であっても一切認められておりません。
JRRC（https://jrrc.or.jp　Eメール:jrrc_info@jrrc.or.jp
☎03-6809-1281）

©MANAMI IKEDA 2023　Printed in Japan

お送りいただいた個人情報は、今後の編集企画の参考としてのみ使用し、他の目的には使用いたしません。詳しくは当社のプライバシーポリシー（https://www.shufu.co.jp/privacy/）をご覧ください。

デザイン／高橋朱里（マルサンカク）
撮影／衛藤キヨコ
スタイリング／駒井京子
調理アシスタント／野上律子
プリンティングディレクション／金子雅一（凸版印刷株式会社）

取材／中山み登り
校閲／滄流社
編集／足立昭子

撮影協力／UTUWA

◎（富）⇒株式会社富澤商店　＊材料提供
オンラインショップ　https://tomiz.com/
☎0570-001919
（月～金 9:00～12:00、13:00～17:00／土日祝は休）
製菓・製パン材料を中心に、幅広い食材をそろえる食材専門店。
オンラインショップのほか、全国に直営店があります。

＊商品の取り扱い先は、2023年9月15日現在のものです。お店や商品の状況によって、同じものが入手できない場合もあります。あらかじめご了承ください。